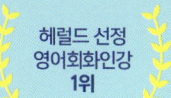 헤럴드 선정 영어회화인강 **1위**

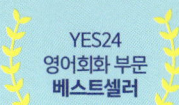 YES24 영어회화 부문 **베스트셀러**

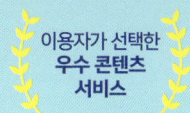 이용자가 선택한 **우수 콘텐츠 서비스**

왕초보 영어탈출 해커스톡

기초회화 전문가 **안젤라 선생님**

기초회화 전문가 **더글라스 선생님**

[영어회화인강 1위] 헤럴드 선정 2018 대학생 선호 브랜드 대상 '영어회화 인강' 부문 1위(2018.01.02.), [베스트셀러] YES24 국어 외국어 사전 분야 영어회화/생활영어 부문(2017년 3월 월별 베스트 기준), [우수 콘텐츠] 과학기술정보통신부 주최 한국데이터진흥원 인증 우수 콘텐츠서비스(2017.09.01.)

영어 잘하는 사람은 쉬운 영어가 자동발사!

10분 집중
최적의 집중 시간 15분
그보다 짧은
10분 강의로 집중력 UP!

패턴 연상
하나의 패턴만으로
수십 개 문장 만들기
짧고 긴 모든 문장을
패턴 하나로

반복 훈련
학습자와 끊임없이
소통하며 복습하는 강의
기억력을 높여주는
4단계 반복 학습

쉬운 영어
실생활에서 주로 쓰는
쉬운 단어와 예문 학습
왕초보도 쉬운 영어로
실생활 회화까지 끝!

해커스톡 자동발사영어 100% 활용방법

교재 무료 동영상강의 [일부 강의 무료제공]
① 해커스톡 사이트(HackersTalk.co.kr) 접속 후 로그인합니다.
② 사이트 상단 탭의 [무료강의/자료 → 해커스톡TV]를 클릭하여 본 교재 강의를 수강합니다.

교재 무료 MP3
① 해커스톡 사이트(HackersTalk.co.kr) 접속 후 로그인합니다.
② 사이트 상단 탭의 [무료강의/자료 → 무료 자료실]을 클릭해 주세요.
③ [무료MP3/자료] 중, 본 교재의 '예문음성/복습용 MP3'를 클릭하여 다운로드합니다.

무료 레벨테스트
① 해커스톡 사이트(HackersTalk.co.kr) 접속합니다.
② 사이트 상단 탭의 [무료 레벨테스트]를 클릭하여 이용합니다.

레벨테스트 바로 가기 ▲

해커스톡 자동발사영어 팟캐스트
① 팟빵 사이트(www.Podbbang.com) 혹은 어플이나, 아이폰 Podcast 어플에서 '해커스톡'을 검색하여 이용합니다.

팟빵에서 팟캐스트 들어보기 ▲

초판 7쇄 발행 2023년 3월 20일
초판 1쇄 발행 2016년 12월 8일

지은이	해커스 어학연구소
펴낸곳	(주)해커스 어학연구소
펴낸이	해커스 어학연구소 출판팀
주소	서울특별시 서초구 강남대로61길 23 (주)해커스 어학연구소
고객센터	02-566-0001
교재 관련 문의	publishing@hackers.com
동영상강의	HackersTalk.co.kr
ISBN	978-89-6542-204-4 (13740)
Serial Number	01-07-01

저작권자 ⓒ 2016, 해커스 어학연구소
이 책 및 음성파일의 모든 내용, 이미지, 디자인, 편집 형태에 대한 저작권은
저자에게 있습니다. 서면에 의한 저자와 출판사의 허락 없이 내용의 일부 혹은 전부를
인용, 발췌하거나 복제, 배포할 수 없습니다.

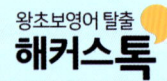

해커스톡(HackersTalk.co.kr)
· 패턴 학습법으로 누구나 쉽게 말하는 **자동발사영어 강의** 제공
· 따라만 해도 영어 말문이 트이는 **교재 예문음성 MP3 무료** 제공
· 체계적인 학습 커리큘럼으로 **단계별 실력 완성** 가능

해커스톡 영어회화 시리즈

기초영어 말하기 2탄

왕초보영어 탈출

해커스톡 자동발사영어
에코잉 학습법으로 영어 자동발사

"가이드 없이 자유롭게 해외여행 하고 싶어요."

"외국 고객에게 안부인사를 할 수 있었으면 좋겠어요."

"유치원생 손자에게 영어 할 줄 아는 멋진 할머니가 되고 싶네요."

"쉽게, 바로, 자유롭게"
우리는 영어를 말하고 싶어하죠.

해커스 자동발사영어와 함께라면,
문법이나 어려운 단어를 몰라도 영어로 말할 수 있어요!

"교환학생 가기 전, 영어울렁증 극복하고 싶습니다."

"아이 초등학교 입학 전 영어 정도는 제가 직접 봐주고 싶어요."

해커스톡 자동발사영어
기초영어 말하기 2탄

에코잉 학습법으로 영어 자동발사!

어릴 때 영어 공부 참 열심히 했는데도 **영어 말하기**는 늘 어렵기만 하죠.
정작 영어로 말해야 하는 상황이 오면 머리 속이 뒤죽박죽이 되면서 간단한 말 한마디도 입 밖으로 꺼내기가 참 어려워요.

에코잉 학습법으로 따라만 하면 영어가 자동으로 발사 돼요!

에코잉 학습법이란?
선생님이나 원어민의 음성을 듣고 메아리처럼 따라하는 학습법으로, 따라하기만 하면 자신도 모르게 문장의 내용을 귀로 듣고, 뇌로 이해하게 되는 동시에 발음이 교정된다. 이 학습법을 따라 훈련하다보면, 내가 생각하는 문장이 바로 영어로 나오게 된다.

이렇게 학습하세요

 따라하며 톡!

영어 문장을 큰 소리로 따라하며 영어 문장이 자동 발사 될 때까지 에코잉 해 보세요. 실제로 이 문장이 쓰이는 상황들과 함께 학습해 보세요.

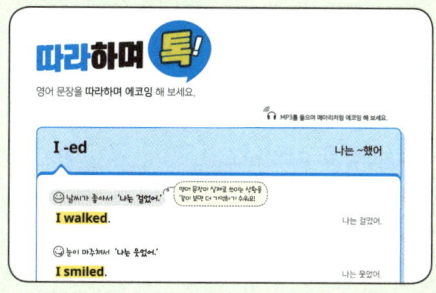

 자동발사 톡!

주어진 상황을 떠올리며 우리말만 보고 영어로 자동발사 해 보세요. 자신도 모르게 영어가 자동발사가 될 수 있도록 합니다.

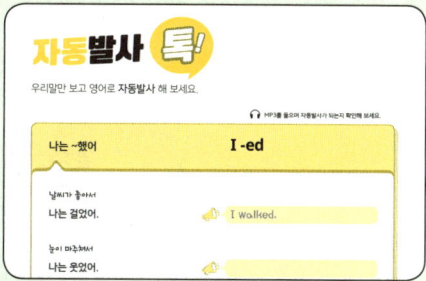

DAY 01	나는 물어봤어. I asked. 나는 ~했어	7
DAY 02	나는 너를 봤어. I saw you. 나는 ~했어	15
DAY 03	나는 뛰지 않았어. I didn't jump. 나는 ~하지 않았어	23
DAY 04	너는 이겼니? Did you win? 너는 ~했니?	31
DAY 05	나는 운이 좋았어. I was lucky. 나는 (어떠)했어	39
DAY 06	나는 배고프지 않았어. I wasn't hungry. 나는 (어떠)하지 않았어	47
DAY 07	그는 잘생겼었니? Was he handsome? 그는 (어떠)했니?	55

DAY 08	너는 용감했어. You were brave. 너는 (어떠)했어	63
DAY 09	너는 아프지 않았어. You weren't sick. 너는 (어떠)하지 않았어	71
DAY 10	나는 노력하고 있어. I'm trying. 나는 ~하고 있어	79
DAY 11	우리는 돕고 있어. We're helping. 우리는 ~하고 있어	85
DAY 12	그는 보고 있어. He's watching. 그는 ~하고 있어	93
DAY 13	너는 걷고 있니? Are you walking? 너는 ~하고 있니?	101
DAY 14	그는 춤추고 있니? Is he dancing? 그는 ~하고 있니?	107
DAY 15	나는 공부하고 있었어. I was studying. 나는 ~하고 있었어	115

해커스톡 자동발사영어
기초영어 말하기 2탄

DAY 16 나는 움직이고 있지 않았어.   123
I wasn't moving. 나는 ~하고 있지 않았어

DAY 17 너는 달리고 있었어.   131
You were running. 너는 ~하고 있었어

DAY 18 너는 듣고 있지 않았어.   139
You weren't listening. 너는 ~하고 있지 않았어

DAY 19 그는 그 컴퓨터를 쓰고 있었니?   147
Was he using the computer? 그는 ~하고 있었니?

DAY 20 너의 생일은 언제니?   155
When is your birthday? (무엇)은 언제니?

DAY 21 너의 전화번호는 무엇이니?   161
What is your phone number? (무엇)은 무엇이니?

DAY 22 내 차는 어떠니?   167
How is my car? (무엇)은 어떠니?

DAY 23 너는 언제 알았니?   173
When did you know? 너는 언제 ~했니?

DAY 24 너는 언제 너의 방을 청소할 거니?   181
When will you clean your room? 너는 언제 ~할 거니?

DAY 25 너는 무엇을 가져왔니?   189
What did you bring? 너는 무엇을 ~했니?

DAY 26 너는 무엇을 볼 수 있니?   197
What can you see? 너는 무엇을 ~할 수 있니?

DAY 27 너는 어디에서 배웠니?   205
Where did you learn? 너는 어디에서 ~했니?

DAY 28 너는 어디에서 그를 만날 거니?   213
Where will you meet him? 너는 어디에서 ~할 거니?

DAY 29 너는 왜 걱정했니?   221
Why did you worry? 너는 왜 ~했니?

DAY 30 나는 왜 돌아가야 하니?   229
Why should I return? 나는 왜 ~해야 하니?

왕초보영어 탈출
해커스톡

DAY 01

나는 물어봤어.
I asked.   나는 ~했어

이렇게 말해요!

'나는 물어봐'는 I ask, '나는 물어봤어'는 ask 대신 **asked**를 사용하면 돼요.

- 나는 물어봤어.　　　　　**I asked**.

★ '~했어'는 행동(ask)에 ed를 붙여서 말하면 돼요.　　· ask + ed → asked
　단, e로 끝나는 경우에는 d만 붙여요.　　　　　　　　· smile + d → smiled

영어 문장을 **따라하며** 에코잉 해 보세요.

MP3를 들으며 메아리처럼 에코잉 해 보세요.

I -ed   나는 ~했어

😊 날씨가 좋아서 '나는 걸었어.'
I walked.   나는 걸었어.

😊 눈이 마주쳐서 '나는 웃었어.'
I smiled.   나는 웃었어.

😊 세일 기간이 오기만을 '나는 기다렸어.'
I waited.   나는 기다렸어.

😊 너무 오랜만이다! '나는 너를 그리워했어.'
I missed you.   나는 너를 그리워했어.

😊 동호회 사람들이랑 '나는 축구를 했어.'
I played soccer.   나는 축구를 했어.

☹ 케이크를 만들려다 '나는 어제 실패했어.'
I failed yesterday.   나는 어제 실패했어.

😊 집에서 혼자 '나는 어제 TV를 봤어.'
I watched TV yesterday.   나는 어제 TV를 봤어.

---

miss [미쓰] 그리워하다   soccer [싸커] 축구   fail [풰일] 실패하다   yesterday [예스터데이] 어제

우리말만 보고 영어로 **자동발사** 해 보세요.

🎧 MP3를 들으며 자동발사가 되는지 확인해 보세요.

| 나는 ~했어 | **I -ed** |

날씨가 좋아서
나는 걸었어.   📢 I walked.

눈이 마주쳐서
나는 웃었어.   📢

세일 기간이 오기만을
나는 기다렸어.   📢

너무 오랜만이다!
나는 너를 그리워했어.   📢

동호회 사람들이랑
나는 축구를 했어.   📢

케이크를 만들려다
나는 어제 실패했어.   📢

집에서 혼자
나는 어제 TV를 봤어.   📢

영어 문장을 따라하며 에코잉 해 보세요.

MP3를 들으며 메아리처럼 에코잉 해 보세요.

He -ed 그는 ~했어

☺ 노래를 들으며 '그는 걸었어.'
He walked. 그는 걸었어.

☺ 흐뭇하게 '그는 웃었어.'
He smiled. 그는 웃었어.

☺ 3시간도 넘게 '그는 기다렸어.'
He waited. 그는 기다렸어.

☺ 네 얘기만 하더라. '그는 너를 그리워했어.'
He missed you. 그는 너를 그리워했어.

☺ 토요일에 '그는 축구를 했어.'
He played soccer. 그는 축구를 했어.

☹ 최선을 다했지만 '그는 어제 실패했어.'
He failed yesterday. 그는 어제 실패했어.

☺ 아무 데도 안 가고 '그는 어제 TV를 봤어.'
He watched TV yesterday. 그는 어제 TV를 봤어.

miss [미쓰] 그리워하다   soccer [싸커] 축구   fail [풰일] 실패하다   yesterday [예스터데이] 어제

우리말만 보고 **자동발사** 해 보세요.

🎧 MP3를 들으며 자동발사가 되는지 확인해 보세요.

그는 ~했어 — **He -ed**

노래를 들으며
그는 걸었어.   📢 He walked.

흐뭇하게
그는 웃었어.

3시간도 넘게
그는 기다렸어.

네 얘기만 하더라.
그는 너를 그리워했어.

토요일에
그는 축구를 했어.

최선을 다했지만
그는 어제 실패했어.

아무 데도 안 가고
그는 어제 TV를 봤어.

영어 문장을 **따라하며** 에코잉 해 보세요.

 MP3를 들으며 메아리처럼 에코잉 해 보세요.

We -ed 우리는 ~했어

☺ 운동 삼아 '우리는 걸었어.'
We walked. 우리는 걸었어.

☺ 그 장면을 보고 '우리는 웃었어.'
We smiled. 우리는 웃었어.

☺ 줄이 길었지만 '우리는 기다렸어.'
We waited. 우리는 기다렸어.

☹ 진심으로 '우리는 너를 그리워했어.'
We missed you. 우리는 너를 그리워했어.

☺ 비가 왔는데도 '우리는 축구를 했어.'
We played soccer. 우리는 축구를 했어.

☹ 3연승에 도전했는데, '우리는 어제 실패했어.'
We failed yesterday. 우리는 어제 실패했어.

☺ 극장에 가려다 그냥 '우리는 어제 TV를 봤어.'
We watched TV yesterday. 우리는 어제 TV를 봤어.

miss [미쓰] 그리워하다   soccer [싸커] 축구   fail [풰일] 실패하다   yesterday [예스터데이] 어제

우리말만 보고 영어로 **자동발사** 해 보세요.

🎧 MP3를 들으며 자동발사가 되는지 확인해 보세요.

| 우리는 ~했어 | **We -ed** |

운동 삼아
우리는 걸었어. → We walked.

그 장면을 보고
우리는 웃었어.

줄이 길었지만
우리는 기다렸어.

진심으로
우리는 너를 그리워했어.

비가 왔는데도
우리는 축구를 했어.

3연승에 도전했는데,
우리는 어제 실패했어.

극장에 가려다 그냥
우리는 어제 TV를 봤어.

일상에서 쓰는 진짜 영어, 쉬운 영어!

8월 31일

다은
인선아!

대박 소식!

오늘부터 백화점 세일이래!

 인선
난 어제부터 알고 있었지롱~

세일 기간이 오기만을
I waited. 나는 기다렸어.

다은
내 통장도 오늘을 위해 준비되어 있지

ㅋㅋㅋㅋㅋㅋ

   보내기

DAY 02

> ## 나는 너를 봤어.
> I saw you.　　　　　　　　　　　　나는 ~했어

어우~ 야~!
평소엔 그렇게 새침하더니,
주말에 봉사 활동 하는 거야?
어제 지나가다가 우연히
나는 너를 봤어.
I saw you.

이렇게 말해요!

'나는 너를 봐'는 I see you, '나는 너를 봤어'는 see 대신 **saw**를 사용하면 돼요.

- **나는** 너를 **봤어**.　　　　**I saw** you.

★ '~했어'를 말할 때, 행동(see)에 ed를 붙이지 않고 saw처럼 다른 단어(불규칙 동사)로 바꾸는 경우도 있어요.
　・foget → forgot　　　・fight → fought

영어 문장을 따라하며 에코잉 해 보세요.

🎧 MP3를 들으며 메아리처럼 에코잉 해 보세요.

I ~ 나는 ~했어

😊 뭐 말하려고 했는지 '나는 잊었어.'
I forgot. 나는 잊었어.

☹️ 가장 친한 친구와 '나는 싸웠어.'
I fought. 나는 싸웠어.

😊 무슨 말인지 '나는 이해했어.'
I understood. 나는 이해했어.

😊 눈치가 빨라서 '나는 그걸 알고 있었어.'
I knew it. 나는 그걸 알고 있었어.

😊 가방 안에서 '나는 그걸 찾았어.'
I found it. 나는 그걸 찾았어.

😊 네 덕분에 '나는 지난주에 이겼어.'
I won last week. 나는 지난주에 이겼어.

😊 결혼한다며? '나는 지난주에 그 소식을 들었어.'
I heard the news last week. 나는 지난주에 그 소식을 들었어.

> 영어 문장이 실제로 쓰이는 상황을 같이 보면 더 기억하기 쉬워요!

forget [폴겟] 잊다   fight [파이트] 싸우다   hear [히어] 듣다   last week [라스트 위크] 지난주에

우리말만 보고 영어로 **자동발사** 해 보세요.

🎧 MP3를 들으며 자동발사가 되는지 확인해 보세요.

| 나는 ~했어 | **I ~** |

뭐 말하려고 했는지
나는 잊었어.   📢 I forgot.

가장 친한 친구와
나는 싸웠어.   📢

무슨 말인지
나는 이해했어.   📢

눈치가 빨라서
나는 그걸 알고 있었어.   📢

가방 안에서
나는 그걸 찾았어.   📢

네 덕분에
나는 지난주에 이겼어.   📢

결혼한다며?
나는 지난주에 그 소식을 들었어.   📢

영어 문장을 **따라하며** 에코잉 해 보세요.

 MP3를 들으며 메아리처럼 에코잉 해 보세요.

She ~   그녀는 ~했어

😟 몇 번을 말했는데도 '그녀는 잊었어.'
She forgot.   그녀는 잊었어.

😟 사소한 일로 언니랑 '그녀는 싸웠어.'
She fought.   그녀는 싸웠어.

🙂 설명하지 않아도 '그녀는 이해했어.'
She understood.   그녀는 이해했어.

🙂 아무도 몰랐지만 '그녀는 그걸 알고 있었어.'
She knew it.   그녀는 그걸 알고 있었어.

🙂 대청소하다가 '그녀는 그걸 찾았어.'
She found it.   그녀는 그걸 찾았어.

🙂 매번 지다가 '그녀는 지난주에 이겼어.'
She won last week.   그녀는 지난주에 이겼어.

🙂 한참 전에 발표됐는데, '그녀는 지난주에 그 소식을 들었어.'
She heard the news last week.   그녀는 지난주에 그 소식을 들었어.

---

forget [폴겟] 잊다   **fight** [파이트] 싸우다   **hear** [히어] 듣다   **last week** [라스트 위크] 지난주에

자동발사 톡!

우리말만 보고 영어로 **자동발사** 해 보세요.

MP3를 들으며 자동발사가 되는지 확인해 보세요.

| 그녀는 ~했어 | She ~ |

몇 번을 말했는데도
그녀는 잊었어. → She forgot.

사소한 일로 언니랑
그녀는 싸웠어.

설명하지 않아도
그녀는 이해했어.

아무도 몰랐지만
그녀는 그걸 알고 있었어.

대청소하다가
그녀는 그걸 찾았어.

매번 지다가
그녀는 지난주에 이겼어.

한참 전에 발표됐는데,
그녀는 지난주에 그 소식을 들었어.

영어 문장을 **따라하며** 에코잉 해 보세요.

MP3를 들으며 메아리처럼 에코잉 해 보세요.

They ~ 그들은 ~했어

😐 과제가 있었는데, '그들은 잊었어.'
They forgot. 그들은 잊었어.

☹️ 이유는 몰라도 '그들은 싸웠어.'
They fought. 그들은 싸웠어.

🙂 그 상황을 '그들은 이해했어.'
They understood. 그들은 이해했어.

🙂 말하기 전에 이미 '그들은 그걸 알고 있었어.'
They knew it. 그들은 그걸 알고 있었어.

🙂 한참 만에 '그들은 그걸 찾았어.'
They found it. 그들은 그걸 찾았어.

🙂 볼링 대회에서 '그들은 지난주에 이겼어.'
They won last week. 그들은 지난주에 이겼어.

🙂 계속 모르다가 '그들은 지난주에 그 소식을 들었어.'
They heard the news last week. 그들은 지난주에 그 소식을 들었어.

forget [폴겟] 잊다   **fight** [파이트] 싸우다   **hear** [히어] 듣다   **last week** [라스트 위크] 지난주에

우리말만 보고 영어로 **자동발사** 해 보세요.

🎧 MP3를 들으며 자동발사가 되는지 확인해 보세요.

그들은 ~했어   They ~

과제가 있었는데,
그들은 잊었어. 📣 They forgot.

이유는 몰라도
그들은 싸웠어. 📣

그 상황을
그들은 이해했어. 📣

말하기 전에 이미
그들은 그걸 알고 있었어. 📣

한참 만에
그들은 그걸 찾았어. 📣

볼링 대회에서
그들은 지난주에 이겼어. 📣

계속 모르다가
그들은 지난주에 그 소식을 들었어. 📣

일상에서 쓰는 진짜 영어, 쉬운 영어!

2월 2일

 현수
너 어제 발표는 잘했어?

엄청 힘들어 보였는데...

상훈
I killed it.

 현수
니가 뭘 죽였다고?!

상훈
아니 영어로 진짜 잘했다는 뜻이야 ㅋㅋ
I killed it. 나는 아주 잘했어.

 현수
깜놀했잖아!! ㅋㅋ

 　　　　　　　　　　　　　　　　　　　보내기

DAY 03

> ## 나는 뛰지 않았어.
> I didn't jump.　　　　　　　　　　　　　나는 ~하지 않았어

> 죽기 전에 번지 점프
> 꼭 한번 해보고 싶었거든.
> 근데 막상 가보니까...
> 뛰었다가는 죽을 것 같아서...
> 나는 뛰지 않았어.
> **I didn't jump.**

못 뛰어!
못 뛰어!

이렇게 말해요!

'뛰어'는 jump, '나는 뛰지 않았어'는 그 앞에 **I didn't**를 붙이면 돼요.

- 나는 뛰지 않았어.　　　**I didn't** jump.

★ didn't는 did not의 줄임말이고, 말할 때는 didn't를 많이 써요.

영어 문장을 **따라하며** 에코잉 해 보세요.

I didn't ~ 나는 ~하지 않았어

😊 그날 바빠서 '나는 가지 않았어.'
I didn't go. 나는 가지 않았어.

😊 안 내도 된대서 '나는 돈을 내지 않았어.'
I didn't pay. 나는 돈을 내지 않았어.

😊 너도 알다시피 '나는 거짓말하지 않았어.'
I didn't lie. 나는 거짓말하지 않았어.

☹ 나 아니야~ '나는 그걸 망가뜨리지 않았어.'
I didn't break it. 나는 그걸 망가뜨리지 않았어.

😊 너만 믿고 '나는 현금을 가져오지 않았어.'
I didn't bring cash. 나는 현금을 가져오지 않았어.

😊 입원했었거든. '나는 5월에 일하지 않았어.'
I didn't work in May. 나는 5월에 일하지 않았어.

☹ 돈 쓸 일이 많아서 '나는 5월에 돈을 저축하지 않았어.'
I didn't save money in May. 나는 5월에 돈을 저축하지 않았어.

lie [라이] 거짓말하다   break [브레이크] 망가뜨리다   bring [브링] 가져오다

우리말만 보고 영어로 **자동발사** 해 보세요.

🎧 MP3를 들으며 자동발사가 되는지 확인해 보세요.

나는 ~하지 않았어   I didn't ~

그날 바빠서
나는 가지 않았어.   📢 I didn't go.

안 내도 된대서
나는 돈을 내지 않았어.

너도 알다시피
나는 거짓말하지 않았어.

나 아니야~
나는 그걸 망가뜨리지 않았어.

너만 믿고
나는 현금을 가져오지 않았어.

입원했었거든.
나는 5월에 일하지 않았어.

돈 쓸 일이 많아서
나는 5월에 돈을 저축하지 않았어.

영어 문장을 **따라하며** 에코잉 해 보세요.

 MP3를 들으며 메아리처럼 에코잉 해 보세요.

He didn't ~   그는 ~하지 않았어

☺ 가방이 있는 걸 보니 '그는 가지 않았어.'
He didn't go.   그는 가지 않았어.

☺ 공짜 쿠폰이 있어서 '그는 돈을 내지 않았어.'
He didn't pay.   그는 돈을 내지 않았어.

☺ 내가 아는 한 '그는 거짓말하지 않았어.'
He didn't lie.   그는 거짓말하지 않았어.

☺ 내가 봤는데, '그는 그걸 망가뜨리지 않았어.'
He didn't break it.   그는 그걸 망가뜨리지 않았어.

☹ 카드만 가져오고 '그는 현금을 가져오지 않았어.'
He didn't bring cash.   그는 현금을 가져오지 않았어.

☺ 한 달 휴직하고 '그는 5월에 일하지 않았어.'
He didn't work in May.   그는 5월에 일하지 않았어.

☹ 생활비도 빠듯해서 '그는 5월에 돈을 저축하지 않았어.'
He didn't save money in May.   그는 5월에 돈을 저축하지 않았어.

---

lie [라이] 거짓말하다   break [브레이크] 망가뜨리다   bring [브링] 가져오다

우리말만 보고 영어로 **자동발사** 해 보세요.

🎧 MP3를 들으며 자동발사가 되는지 확인해 보세요.

| 그는 ~하지 않았어 | **He didn't ~** |

가방이 있는 걸 보니
그는 가지 않았어.   📢 He didn't go.

공짜 쿠폰이 있어서
그는 돈을 내지 않았어.   📢

내가 아는 한
그는 거짓말하지 않았어.   📢

내가 봤는데,
그는 그걸 망가뜨리지 않았어.   📢

카드만 가져오고
그는 현금을 가져오지 않았어.   📢

한 달 휴직하고
그는 5월에 일하지 않았어.   📢

생활비도 빠듯해서
그는 5월에 돈을 저축하지 않았어.   📢

영어 문장을 **따라하며** 에코잉 해 보세요.

 MP3를 들으며 메아리처럼 에코잉 해 보세요.

We didn't ~   우리는 ~하지 않았어

😟 사정이 생겨서 '우리는 가지 않았어.'
We didn't go.   우리는 가지 않았어.

🙂 선배님이 사주셔서 '우리는 돈을 내지 않았어.'
We didn't pay.   우리는 돈을 내지 않았어.

🙂 정말로 '우리는 거짓말하지 않았어.'
We didn't lie.   우리는 거짓말하지 않았어.

😟 원래부터 이랬는데? '우리는 그걸 망가뜨리지 않았어.'
We didn't break it.   우리는 그걸 망가뜨리지 않았어.

🙂 급하게 나오느라 '우리는 현금을 가져오지 않았어.'
We didn't bring cash.   우리는 현금을 가져오지 않았어.

🙂 가게 리모델링 하느라 '우리는 5월에 일하지 않았어.'
We didn't work in May.   우리는 5월에 일하지 않았어.

🙂 경조사비가 많이 들어서 '우리는 5월에 돈을 저축하지 않았어.'
We didn't save money in May.   우리는 5월에 돈을 저축하지 않았어.

lie [라이] 거짓말하다   break [브레이크] 망가뜨리다   bring [브링] 가져오다

우리말만 보고 영어로 **자동발사** 해 보세요.

🎧 MP3를 들으며 자동발사가 되는지 확인해 보세요.

우리는 ~하지 않았어 — **We didn't ~**

사정이 생겨서
우리는 가지 않았어.　📢 We didn't go.

선배님이 사주셔서
우리는 돈을 내지 않았어.　📢

정말로
우리는 거짓말하지 않았어.　📢

원래부터 이랬는데?
우리는 그걸 망가뜨리지 않았어.　📢

급하게 나오느라
우리는 현금을 가져오지 않았어.　📢

가게 리모델링 하느라
우리는 5월에 일하지 않았어.　📢

경조사비가 많이 들어서
우리는 5월에 돈을 저축하지 않았어.　📢

일상에서 쓰는 진짜 영어, 쉬운 영어!

12월 5일

형준
어제 회사 앞 일식집에 갔어 ㅋㅋㅋ

 재훈
오~ 거기 맛있지! 근데 비싸지 않냐? ㅠㅠ

형준
선배님이 사주셔서
We didn't pay. 우리는 돈을 내지 않았어.

 재훈
아 진짜?!
나도 좀 불러주지...

   보내기

DAY 04

너는 이겼니?
Did you win?   너는 ~했니?

> 뭐야! 너 얼굴이 왜 이래?
> 친구랑 싸웠어?
> 아이고... 엄마 속 좀 그만 썩여!
> 그나저나... 기왕 싸운 거...
> **너는 이겼니?**
> **Did you win?**

이렇게 말해요!

'이겨'는 win, '너는 이겼니?'는 그 앞에 **Did you**를 붙이면 돼요.

- 너는 이겼니?   **Did you** win?

영어 문장을 **따라하며** 에코잉 해 보세요.

🎧 MP3를 들으며 메아리처럼 에코잉 해 보세요.

Did you ~?   너는 ~했니?

😊 어제 노래방 가서 '너는 노래했니?'
> 영어 문장이 실제로 쓰이는 상황을 같이 보면 더 기억하기 쉬워요!

Did you sing?   너는 노래했니?

😐 같이 가기로 한 거 '너는 잊었니?'

Did you forget?   너는 잊었니?

😊 난 이걸로 할 건데, '너는 결정했니?'

Did you decide?   너는 결정했니?

😊 오늘 온 직원 멋있던데, '너는 그를 봤니?'

Did you see him?   너는 그를 봤니?

😊 직접 '너는 이걸 만들었니?'

Did you make this?   너는 이걸 만들었니?

😊 1년 휴학했으면 '너는 2015년에 졸업했니?'

Did you graduate in 2015?   너는 2015년에 졸업했니?

😊 친구를 만나려고 '너는 2015년에 LA를 방문했니?'

Did you visit LA in 2015?   너는 2015년에 LA를 방문했니?

---

decide [디싸이드] 결정하다   graduate [그래쥬에이트] 졸업하다   visit [뷔지트] 방문하다

우리말만 보고 영어로 **자동발사** 해 보세요.

🎧 MP3를 들으며 자동발사가 되는지 확인해 보세요.

너는 ~했니?   **Did you ~?**

어제 노래방 가서
너는 노래했니?　　📢 Did you sing?

같이 가기로 한 거
너는 잊었니?

난 이걸로 할 건데,
너는 결정했니?

오늘 온 직원 멋있던데,
너는 그를 봤니?

직접
너는 이걸 만들었니?

1년 휴학했으면
너는 2015년에 졸업했니?

친구를 만나려고
너는 2015년에 LA를 방문했니?

영어 문장을 **따라하며** 에코잉 해 보세요.

🎧 MP3를 들으며 메아리처럼 에코잉 해 보세요.

Did she ~?   그녀는 ~했니?

😊 절대 안 한 댔는데, '그녀는 노래했니?'
Did she sing?   그녀는 노래했니?

☹ 회비 걷는 거 '그녀는 잊었니?'
Did she forget?   그녀는 잊었니?

😊 어떻게 할지 '그녀는 결정했니?'
Did she decide?   그녀는 결정했니?

😊 오는 길에 '그녀는 그를 봤니?'
Did she see him?   그녀는 그를 봤니?

😊 산 게 아니라고? '그녀는 이걸 만들었니?'
Did she make this?   그녀는 이걸 만들었니?

😊 그 집 딸 있잖아, '그녀는 2015년에 졸업했니?'
Did she graduate in 2015?   그녀는 2015년에 졸업했니?

😊 계획대로 '그녀는 2015년에 LA를 방문했니?'
Did she visit LA in 2015?   그녀는 2015년에 LA를 방문했니?

decide [디싸이드] 결정하다   graduate [그래쥬에이트] 졸업하다   visit [뷔지트] 방문하다

우리말만 보고 영어로 **자동발사** 해 보세요.

MP3를 들으며 자동발사가 되는지 확인해 보세요.

| 그녀는 ~했니? | **Did she ~?** |

절대 안 한댔는데,
그녀는 노래했니? → Did she sing?

회비 걷는 거
그녀는 잊었니?

어떻게 할지
그녀는 결정했니?

오는 길에
그녀는 그를 봤니?

산 게 아니라고?
그녀는 이걸 만들었니?

그 집 딸 있잖아,
그녀는 2015년에 졸업했니?

계획대로
그녀는 2015년에 LA를 방문했니?

영어 문장을 **따라하며 에코잉** 해 보세요.

MP3를 들으며 메아리처럼 에코잉 해 보세요.

Did they ~? 그들은 ~했니?

☺ 장기 자랑에서 '그들은 노래했니?'
Did they sing? — 그들은 노래했니?

☹ 오늘 약속 있는 거 '그들은 잊었니?'
Did they forget? — 그들은 잊었니?

☺ 어디로 갈지 '그들은 결정했니?'
Did they decide? — 그들은 결정했니?

😐 다들 못 봤다던데, '그들은 그를 봤니?'
Did they see him? — 그들은 그를 봤니?

☺ 꼭 파는 것 같아! '그들은 이걸 만들었니?'
Did they make this? — 그들은 이걸 만들었니?

☺ 아직 학생인 줄 알았는데 '그들은 2015년에 졸업했니?'
Did they graduate in 2015? — 그들은 2015년에 졸업했니?

☺ 출장 때문에 '그들은 2015년에 LA를 방문했니?'
Did they visit LA in 2015? — 그들은 2015년에 LA를 방문했니?

decide [디싸이드] 결정하다   graduate [그래쥬에이트] 졸업하다   visit [뷔지트] 방문하다

우리말만 보고 영어로 **자동발사** 해 보세요.

🎧 MP3를 들으며 자동발사가 되는지 확인해 보세요.

그들은 ~했니?   **Did they ~?**

장기 자랑에서
그들은 노래했니? 📢 Did they sing?

오늘 약속 있는 거
그들은 잊었니? 📢

어디로 갈지
그들은 결정했니? 📢

다들 못 봤다던데,
그들은 그를 봤니? 📢

꼭 파는 것 같아!
그들은 이걸 만들었니? 📢

아직 학생인 줄 알았는데
그들은 2015년에 졸업했니? 📢

출장 때문에
그들은 2015년에 LA를 방문했니? 📢

일상에서 쓰는 진짜 영어, 쉬운 영어!

2월 13일

다은

짠! 이거 남친한테 줄 거야

 인선

와... 엄청 잘 만들었는데?

직접
Did you make this? 너는 이걸 만들었니?

다은

당연히 주문했지~ 그래도 나름 특별 제작이야!

 인선

   보내기

나는 운이 좋았어.
I was lucky.   나는 (어떠)했어

> 우리 처음 만난 날 기억나?
> 비 오던 날, 자기가 우산 씌워 줬잖아.
> 그날 우산을 놓고 와서 정말
> **나는 운이 좋았어.**
> **I was lucky.**

이렇게 말해요!

'운이 좋은'은 lucky, '나는 운이 좋았어'는 그 앞에 **I was**를 붙이면 돼요.

- 나는 운이 좋았어.   **I was** lucky.

영어 문장을 **따라하며** 에코잉 해 보세요.

🎧 MP3를 들으며 메아리처럼 에코잉 해 보세요.

I was ~   나는 (어떠)했어

😊 거 봐, 역시 '나는 옳았어.' 〔영어 문장이 실제로 쓰이는 상황을 같이 보면 더 기억하기 쉬워요!〕
I was right.   나는 옳았어.

😢 생각보다 점수가 낮아서 '나는 슬펐어.'
I was sad.   나는 슬펐어.

😷 어젯밤에 '나는 아팠어.'
I was sick.   나는 아팠어.

😑 계속 야근해서 '나는 피곤했어.'
I was tired.   나는 피곤했어.

😊 다들 진심으로 축하해줘서 '나는 행복했어.'
I was happy.   나는 행복했어.

😊 그때만 해도 '나는 어렸어.'
I was young.   나는 어렸어.

😊 학교 다닐 때 '나는 유명했어.'
I was famous.   나는 유명했어.

---

right [롸이트] 옳은   tired [타이어드] 피곤한   famous [풰이머스] 유명한

우리말만 보고 영어로 **자동발사** 해 보세요.

🎧 MP3를 들으며 자동발사가 되는지 확인해 보세요.

| 나는 (어떠)했어 | **I was ~** |

거 봐, 역시
나는 옳았어.　　　📢 I was right.

생각보다 점수가 낮아서
나는 슬펐어.　　　📢

어젯밤에
나는 아팠어.　　　📢

계속 야근해서
나는 피곤했어.　　　📢

다들 진심으로 축하해줘서
나는 행복했어.　　　📢

그때만 해도
나는 어렸어.　　　📢

학교 다닐 때
나는 유명했어.　　　📢

영어 문장을 **따라하며** 에코잉 해 보세요.

🎧 MP3를 들으며 메아리처럼 에코잉 해 보세요.

He was ~   그는 (어떠)했어

😊 진작 알려준 대로 할걸. '그는 옳았어.'
He was right.   그는 옳았어.

😢 아끼던 걸 잃어버려서 '그는 슬펐어.'
He was sad.   그는 슬펐어.

😷 입원해야 할 정도로 '그는 아팠어.'
He was sick.   그는 아팠어.

😑 잠을 잘 못 자서 '그는 피곤했어.'
He was tired.   그는 피곤했어.

😊 선물을 많이 받아서 '그는 행복했어.'
He was happy.   그는 행복했어.

😊 처음 만났을 때 '그는 어렸어.'
He was young.   그는 어렸어.

😊 저래 봬도 '그는 유명했어.'
He was famous.   그는 유명했어.

---

right [롸이트] 옳은   **tired** [타이어드] 피곤한   **famous** [풰이머스] 유명한

우리말만 보고 영어로 **자동발사** 해 보세요.

🎧 MP3를 들으며 자동발사가 되는지 확인해 보세요.

그는 (어떠)했어   He was ~

진작 알려준 대로 할걸.
그는 옳았어.   📢 He was right.

아끼던 걸 잃어버려서
그는 슬펐어.   📢

입원해야 할 정도로
그는 아팠어.   📢

잠을 잘 못 자서
그는 피곤했어.   📢

선물을 많이 받아서
그는 행복했어.   📢

처음 만났을 때
그는 어렸어.   📢

저래 봬도
그는 유명했어.   📢

영어 문장을 **따라하며** 에코잉 해 보세요.

MP3를 들으며 메아리처럼 에코잉 해 보세요.

She was ~ 　　　　그녀는 (어떠)했어

😊 엄마 말 듣길 잘했어. '그녀는 옳았어.'
She was right. 　　　　그녀는 옳았어.

☹️ 불합격 소식을 듣고 '그녀는 슬펐어.'
She was sad. 　　　　그녀는 슬펐어.

😐 감기 몸살로 '그녀는 아팠어.'
She was sick. 　　　　그녀는 아팠어.

😣 여러 가지 일들로 '그녀는 피곤했어.'
She was tired. 　　　　그녀는 피곤했어.

😊 오랜만에 가족들을 만나서 '그녀는 행복했어.'
She was happy. 　　　　그녀는 행복했어.

😊 고작 16살이었으니 '그녀는 어렸어.'
She was young. 　　　　그녀는 어렸어.

😊 모르는 사람이 없을 정도로 '그녀는 유명했어.'
She was famous. 　　　　그녀는 유명했어.

right [라이트] 옳은　　**tired** [타이어드] 피곤한　　**famous** [페이머스] 유명한

우리말만 보고 영어로 **자동발사** 해 보세요.

🎧 MP3를 들으며 자동발사가 되는지 확인해 보세요.

| 그녀는 (어때)했어 | **She was ~** |

엄마 말 듣길 잘했어.
그녀는 옳았어. 📣 She was right.

불합격 소식을 듣고
그녀는 슬펐어. 📣

감기 몸살로
그녀는 아팠어. 📣

여러 가지 일들로
그녀는 피곤했어. 📣

오랜만에 가족들을 만나서
그녀는 행복했어. 📣

고작 16살이었으니
그녀는 어렸어. 📣

모르는 사람이 없을 정도로
그녀는 유명했어. 📣

일상에서 쓰는 진짜 영어, 쉬운 영어!

9월 1일

딸
아빠~ 옛날에 엄마가 동네에서 유명했다던데 진짜야?

 아빠
그럼~

모르는 사람이 없을 정도로
She was famous. 그녀는 유명했어.

딸
오~ 완전 예뻤나보다!

 아빠
아니... 너무 왈가닥이라서 ㅋㅋㅋㅋㅋㅋ

   보내기

DAY 06

나는 배고프지 않았어.
I wasn't hungry.

나는 (어떠)하지 않았어

뷔페 간다고 아침부터 굶었는데 실력 발휘를 못 했어. 몇 접시 못 먹어서 너무 슬퍼. 평소랑 다르게
**나는 배고프지 않았어.
I wasn't hungry.**

이렇게 말해요!

'배고픈'은 hungry, '나는 배고프지 않았어'는 그 앞에 I wasn't를 붙이면 돼요.

· 나는 배고프지 않았어.   **I wasn't** hungry.

★ wasn't는 was not의 줄임말이고, 말할 때는 wasn't를 많이 써요.

따라하며 톡!

영어 문장을 **따라하며** 에코잉 해 보세요.

🎧 MP3를 들으며 메아리처럼 에코잉 해 보세요.

I wasn't ~ 　　　　　　　　　　　나는 (어떠)하지 않았어

😊 어렸을 때 '나는 키가 크지 않았어.'
I wasn't tall.　　　　　　　　　　　　　나는 키가 크지 않았어.

☹ 많이 못 먹어서 '나는 배부르지 않았어.'
I wasn't full.　　　　　　　　　　　　　나는 배부르지 않았어.

😐 직접 보기 전까지 '나는 확신하지 않았어.'
I wasn't sure.　　　　　　　　　　　　　나는 확신하지 않았어.

😊 마르긴 했었지만 '나는 약하지 않았어.'
I wasn't weak.　　　　　　　　　　　　나는 약하지 않았어.

☹ 시간이 부족해서 '나는 준비되어 있지 않았어.'
I wasn't ready.　　　　　　　　　　　　나는 준비되어 있지 않았어.

😊 어? 아닌데? '나는 화나 있지 않았어.'
I wasn't angry.　　　　　　　　　　　　나는 화나 있지 않았어.

☹ 지금 생각해 보면 '나는 신중하지 않았어.'
I wasn't careful.　　　　　　　　　　　나는 신중하지 않았어.

---

full [풀] 배부른　weak [위크] 약한　careful [케어풀] 신중한

우리말만 보고 영어로 **자동발사** 해 보세요.

🎧 MP3를 들으며 자동발사가 되는지 확인해 보세요.

나는 (어떠)하지 않았어   I wasn't ~

어렸을 때
나는 키가 크지 않았어.   📢 I wasn't tall.

많이 못 먹어서
나는 배부르지 않았어.

직접 보기 전까지
나는 확신하지 않았어.

마르긴 했었지만
나는 약하지 않았어.

시간이 부족해서
나는 준비되어 있지 않았어.

어? 아닌데?
나는 화나 있지 않았어.

지금 생각해 보면
나는 신중하지 않았어.

영어 문장을 따라하며 에코잉 해 보세요.

🎧 MP3를 들으며 메아리처럼 에코잉 해 보세요.

He wasn't ~   그는 (어떠)하지 않았어

😊 내 기억에 '그는 키가 크지 않았어.'
He wasn't tall.   그는 키가 크지 않았어.

😊 두 그릇을 먹고도 '그는 배부르지 않았어.'
He wasn't full.   그는 배부르지 않았어.

😐 그 소문이 진짜인지 '그는 확신하지 않았어.'
He wasn't sure.   그는 확신하지 않았어.

😊 그때만 해도 '그는 약하지 않았어.'
He wasn't weak.   그는 약하지 않았어.

😟 갑작스러운 일이라 '그는 준비되어 있지 않았어.'
He wasn't ready.   그는 준비되어 있지 않았어.

😊 오해야! '그는 화나 있지 않았어.'
He wasn't angry.   그는 화나 있지 않았어.

😟 잘 살폈어야 했는데, '그는 신중하지 않았어.'
He wasn't careful.   그는 신중하지 않았어.

full [풀] 배부른   **weak** [위크] 약한   **careful** [케어풀] 신중한

우리말만 보고 영어로 **자동발사** 해 보세요.

🎧 MP3를 들으며 자동발사가 되는지 확인해 보세요.

그는 (어떠)하지 않았어   He wasn't ~

내 기억에
그는 키가 크지 않았어.   📢 He wasn't tall.

두 그릇을 먹고도
그는 배부르지 않았어.

그 소문이 진짜인지
그는 확신하지 않았어.

그때만 해도
그는 약하지 않았어.

갑작스러운 일이라
그는 준비되어 있지 않았어.

오해야!
그는 화나 있지 않았어.

잘 살폈어야 했는데,
그는 신중하지 않았어.

영어 문장을 **따라하며** 에코잉 해 보세요.

 MP3를 들으며 메아리처럼 에코잉 해 보세요.

She wasn't ~   그녀는 (어떠)하지 않았어

😊 지난번에 봤을 때 '그녀는 키가 크지 않았어.'
She wasn't tall.   그녀는 키가 크지 않았어.

☹️ 아무리 먹어도 '그녀는 배부르지 않았어.'
She wasn't full.   그녀는 배부르지 않았어.

😐 처음부터 '그녀는 확신하지 않았어.'
She wasn't sure.   그녀는 확신하지 않았어.

😊 겉보기와는 달리 '그녀는 약하지 않았어.'
She wasn't weak.   그녀는 약하지 않았어.

☹️ 누가 봐도 '그녀는 준비되어 있지 않았어.'
She wasn't ready.   그녀는 준비되어 있지 않았어.

😊 웃고 있던데? '그녀는 화나 있지 않았어.'
She wasn't angry.   그녀는 화나 있지 않았어.

☹️ 매사에 '그녀는 신중하지 않았어.'
She wasn't careful.   그녀는 신중하지 않았어.

full [풀] 배부른   weak [위크] 약한   careful [케어풀] 신중한

우리말만 보고 **자동발사** 해 보세요.

🎧 MP3를 들으며 자동발사가 되는지 확인해 보세요.

| 그녀는 (어떠)하지 않았어 | **She wasn't ~** |

지난번에 봤을 때
그녀는 키가 크지 않았어.   📢 She wasn't tall.

아무리 먹어도
그녀는 배부르지 않았어.   📢

처음부터
그녀는 확신하지 않았어.   📢

겉보기와는 달리
그녀는 약하지 않았어.   📢

누가 봐도
그녀는 준비되어 있지 않았어.   📢

웃고 있던데?
그녀는 화나 있지 않았어.   📢

매사에
그녀는 신중하지 않았어.   📢

일상에서 쓰는 진짜 영어, 쉬운 영어!

1월 28일

지수

혹시...

나한테 화났어?

아까 표정이 안 좋길래 ㅠㅠ

 형준

어? 아닌데?
I wasn't angry. 나는 화나 있지 않았어.

렌즈를 안 껴서 찡그렸던 거야 ;;;

    보내기

DAY 07

그는 잘생겼었니?
Was he handsome? 　　　　　　　　　　　　　　　　　　그는 (어떠)했니?

영감이랑은 어찌 만났어?
그 영감이 그리 좋았는가?
뭐? 여자들이 줄을 섰어?
그는 잘생겼었니?
Was he handsome?

이렇게 말해요!

'잘생긴'은 handsome, '그는 잘생겼었니?'는 그 앞에 Was he를 붙이면 돼요.

· **그는** 잘생겼**었**니?　　　　**Was he** handsome?

영어 문장을 **따라하며** 에코잉 해 보세요.

MP3를 들으며 메아리처럼 에코잉 해 보세요.

Was he ~? 그는 (어떠)했니?

😊 네가 찾아가니까 '그는 기뻐했니?'
> 영어 문장이 실제로 쓰이는 상황을 같이 보면 더 기억하기 쉬워요!

Was he glad? 그는 기뻐했니?

🙂 안색이 안 좋던데, '그는 괜찮았니?'

Was he okay? 그는 괜찮았니?

😊 이번 경주에서도 '그는 빨랐니?'

Was he fast? 그는 빨랐니?

😣 병원에 갔었다고? '그는 아팠니?'

Was he sick? 그는 아팠니?

😌 세상모르고 자던데, '그는 피곤했니?'

Was he tired? 그는 피곤했니?

😐 장난친 거 아니었어? '그는 진지했니?'

Was he serious? 그는 진지했니?

😊 옛날에도 '그는 인기가 많았니?'

Was he popular? 그는 인기가 많았니?

---

glad [글래드] 기쁜   serious [씨리어스] 진지한   popular [파퓰러] 인기가 많은

우리말만 보고 영어로 **자동발사** 해 보세요.

🎧 MP3를 들으며 자동발사가 되는지 확인해 보세요.

그는 (어때)했니?   Was he ~?

네가 찾아가니까
그는 기뻐했니?   📢 Was he glad?

안색이 안 좋던데,
그는 괜찮았니?

이번 경주에서도
그는 빨랐니?

병원에 갔었다고?
그는 아팠니?

세상모르고 자던데,
그는 피곤했니?

장난친 거 아니었어?
그는 진지했니?

옛날에도
그는 인기가 많았니?

영어 문장을 **따라하며** 에코잉 해 보세요.

MP3를 들으며 메아리처럼 에코잉 해 보세요.

Was she ~?   그녀는 (어떠)했니?

☺ 선물 받고 '그녀는 기뻐했니?'
Was she glad?   그녀는 기뻐했니?

☹ 접촉 사고 났다면서? '그녀는 괜찮았니?'
Was she okay?   그녀는 괜찮았니?

☺ 달리기는 자신 있댔는데, '그녀는 빨랐니?'
Was she fast?   그녀는 빨랐니?

☹ 어제 왜 안 왔대? '그녀는 아팠니?'
Was she sick?   그녀는 아팠니?

☹ 축 늘어져 있던데, '그녀는 피곤했니?'
Was she tired?   그녀는 피곤했니?

😐 너에게 고백했을 때 '그녀는 진지했니?'
Was she serious?   그녀는 진지했니?

☺ 결혼하기 전에 '그녀는 인기가 많았니?'
Was she popular?   그녀는 인기가 많았니?

glad [글래드] 기쁜   **serious** [씨뤼어스] 진지한   **popular** [파퓰러] 인기가 많은

우리말만 보고 영어로 **자동발사** 해 보세요.

MP3를 들으며 자동발사가 되는지 확인해 보세요.

| 그녀는 (어떠)했니? | **Was she ~?** |

선물 받고
그녀는 기뻐했니?   Was she glad?

접촉 사고 났다면서?
그녀는 괜찮았니?

달리기는 자신 있댔는데,
그녀는 빨랐니?

어제 왜 안 왔대?
그녀는 아팠니?

축 늘어져 있던데,
그녀는 피곤했니?

너에게 고백했을 때
그녀는 진지했니?

결혼하기 전에
그녀는 인기가 많았니?

영어 문장을 **따라하며** 에코잉 해 보세요.

MP3를 들으며 메아리처럼 에코잉 해 보세요.

Was 민지 ~?   민지는 (어떠)했니?

😊 깜짝 파티 해주니까 '민지는 기뻐했니?'
Was 민지 glad?   민지는 기뻐했니?

😟 많이 혼났다던데, '민지는 괜찮았니?'
Was 민지 okay?   민지는 괜찮았니?

😊 널 따라잡을 만큼 '민지는 빨랐니?'
Was 민지 fast?   민지는 빨랐니?

😞 얼굴이 반쪽이 됐네! '민지는 아팠니?'
Was 민지 sick?   민지는 아팠니?

😊 지난주 내내 '민지는 피곤했니?'
Was 민지 tired?   민지는 피곤했니?

😐 농담인 줄 알았는데, '민지는 진지했니?'
Was 민지 serious?   민지는 진지했니?

😊 전에 있던 곳에서 '민지는 인기가 많았니?'
Was 민지 popular?   민지는 인기가 많았니?

glad [글래드] 기쁜   serious [씨뤼어스] 진지한   popular [파퓰러] 인기가 많은

우리말만 보고 영어로 **자동발사** 해 보세요.

🎧 MP3를 들으며 자동발사가 되는지 확인해 보세요.

민지는 (어떠)했니?   Was 민지 ~?

깜짝 파티 해주니까
민지는 기뻐했니? 📣 Was 민지 glad?

많이 혼났다던데,
민지는 괜찮았니? 📣

널 따라잡을 만큼
민지는 빨랐니? 📣

얼굴이 반쪽이 됐네!
민지는 아팠니? 📣

지난주 내내
민지는 피곤했니? 📣

농담인 줄 알았는데,
민지는 진지했니? 📣

전에 있던 곳에서
민지는 인기가 많았니? 📣

일상에서 쓰는 진짜 영어, 쉬운 영어!

6월 30일

 상훈
너 어제 소개팅 어땠어?

인선
말도 마... 뭐 먹을지 고르는 데만 3시간도 넘게 걸렸어

한식은 별로라고 하고... 양식은 안 땡긴다고 하고...

 상훈
Was he picky?

인선
Picky? 뭔 소리야 그건?

 상훈
까탈스러웠냐고 ㅋㅋ
Was he picky? 그 남자는 까탈스러웠니?

인선
장난 아니야 진짜, 그런 애는 처음 봤어!
He was very picky!

보내기

DAY 08

너는 용감했어.
You were brave.

너는 (어떠)했어

넌 내 생명의 은인이야!
너 없었으면 큰일 날 뻔했어.
이번에 너 다시 봤다.
너는 용감했어.
You were brave.

이렇게 말해요!

'용감한'은 brave, '너는 용감했어'는 그 앞에 **You were**을 붙이면 돼요.

- **너는 용감했어.**   **You were** brave.

영어 문장을 **따라하며** 에코잉 해 보세요.

 MP3를 들으며 메아리처럼 에코잉 해 보세요.

You were ~ 　　　　　　　　　　　　　　너는 (어떠)했어

> 영어 문장이 실제로 쓰이는 상황을 같이 보면 더 기억하기 쉬워요!

☺ 정말 잘하더라. '너는 대단했어.'
You were great.　　　　　　　　　　　　　　너는 대단했어.

☺ 놀랄 법도 했는데. '너는 침착했어.'
You were calm.　　　　　　　　　　　　　　너는 침착했어.

☺ 아까 물어보려고 했는데. '너는 바빴어.'
You were busy.　　　　　　　　　　　　　　너는 바빴어.

☺ 하나부터 열까지 '너는 옳았어.'
You were right.　　　　　　　　　　　　　　너는 옳았어.

☺ 찍은 게 다 맞다니! '너는 운이 좋았어.'
You were lucky.　　　　　　　　　　　　　　너는 운이 좋았어.

☺ 남들이 부러워할 정도로 '너는 행복했어.'
You were happy.　　　　　　　　　　　　　　너는 행복했어.

☺ 어렸을 때도 '너는 정직했어.'
You were honest.　　　　　　　　　　　　　　너는 정직했어.

great [그뤠이트] 대단한　**calm** [캄] 침착한　**honest** [어니스트] 정직한

우리말만 보고 영어로 **자동발사** 해 보세요.

MP3를 들으며 자동발사가 되는지 확인해 보세요.

| 너는 (어떠)했어 | **You were ~** |

정말 잘하더라.
너는 대단했어. → You were great.

놀랄 법도 했는데,
너는 침착했어. →

아까 물어보려고 했는데,
너는 바빴어. →

하나부터 열까지
너는 옳았어. →

찍은 게 다 맞다니!
너는 운이 좋았어. →

남들이 부러워할 정도로
너는 행복했어. →

어렸을 때도
너는 정직했어. →

영어 문장을 **따라하며** 에코잉 해 보세요.

MP3를 들으며 메아리처럼 에코잉 해 보세요.

We were ~ 　　　　　　　　　　　　　　우리는 (어떠)했어

😊 그 경기에서 '우리는 대단했어.'
We were great. 　　　　　　　　　　　우리는 대단했어.

😊 막상 일이 터졌을 때 '우리는 침착했어.'
We were calm. 　　　　　　　　　　　우리는 침착했어.

😊 눈코 뜰 새 없이 '우리는 바빴어.'
We were busy. 　　　　　　　　　　　우리는 바빴어.

😊 누가 뭐래도 그때 '우리는 옳았어.'
We were right. 　　　　　　　　　　　우리는 옳았어.

😊 아무한테도 안 들켰어! '우리는 운이 좋았어.'
We were lucky. 　　　　　　　　　　　우리는 운이 좋았어.

😊 함께 있기만 해도 '우리는 행복했어.'
We were happy. 　　　　　　　　　　　우리는 행복했어.

😊 불리한 상황에서도 '우리는 정직했어.'
We were honest. 　　　　　　　　　　우리는 정직했어.

great [그뤠이트] 대단한   **calm** [캄] 침착한   **honest** [어니스트] 정직한

우리말만 보고 영어로 **자동발사** 해 보세요.

🎧 MP3를 들으며 자동발사가 되는지 확인해 보세요.

우리는 (어때)했어   We were ~

그 경기에서
우리는 대단했어.   📢 We were great.

막상 일이 터졌을 때
우리는 침착했어.

눈코 뜰 새 없이
우리는 바빴어.

누가 뭐래도 그때
우리는 옳았어.

아무한테도 안 들켰어!
우리는 운이 좋았어.

함께 있기만 해도
우리는 행복했어.

불리한 상황에서도
우리는 정직했어.

따라하며 톡!

영어 문장을 **따라하며** 에코잉 해 보세요.

🎧 MP3를 들으며 메아리처럼 에코잉 해 보세요.

They were ~   그들은 (어떠)했어

😊 너도 봤지? '그들은 대단했어.'
They were great.   그들은 대단했어.

😊 비상사태에도 '그들은 침착했어.'
They were calm.   그들은 침착했어.

😐 화장실도 못 갈 만큼 '그들은 바빴어.'
They were busy.   그들은 바빴어.

😊 그땐 몰랐지만 '그들은 옳았어.'
They were right.   그들은 옳았어.

😊 아무도 안 다쳤다니 '그들은 운이 좋았어.'
They were lucky.   그들은 운이 좋았어.

😊 가난했지만 '그들은 행복했어.'
They were happy.   그들은 행복했어.

😊 손해를 좀 보긴 했지만 '그들은 정직했어.'
They were honest.   그들은 정직했어.

great [그레이트] 대단한   **calm** [캄] 침착한   **honest** [어니스트] 정직한

우리말만 보고 영어로 **자동발사** 해 보세요.

🎧 MP3를 들으며 자동발사가 되는지 확인해 보세요.

그들은 (어떠)했어 — They were ~

너도 봤지?
그들은 대단했어.
📢 They were great.

비상사태에도
그들은 침착했어.
📢

화장실도 못 갈 만큼
그들은 바빴어.
📢

그땐 몰랐지만
그들은 옳았어.
📢

아무도 안 다쳤다니
그들은 운이 좋았어.
📢

가난했지만
그들은 행복했어.
📢

손해를 좀 보긴 했지만
그들은 정직했어.
📢

일상에서 쓰는 진짜 영어, 쉬운 영어!

3월 2일

동생

누나 합격 축하해~

엄마 아빠 덕이라고
엄마가 맛있는 거 쏘래 ㅋㅋㅋ

 누나

하긴... 다 부모님 덕이지 ㅋㅋㅋ

엄마 아빠 잔소리 없었으면 공부 안 했을 거야

동생

맞아~ 그래서 우리 둘 다 잘 됐잖아?

그땐 몰랐지만
They were right. 그들은 옳았어.

보내기

DAY 09

> ## 너는 아프지 않았어.
> You weren't sick.
>
> 너는 (어떠)하지 않았어

너 어제 아프다고 약속 취소했잖아! 근데 SNS에 워터파크 간 사진은 뭐야? 솔직하게 말하시지? 아무리 봐도

너는 아프지 않았어.
You weren't sick.

이렇게 말해요!

'아픈'은 sick, '너는 아프지 않았어'는 You weren't를 붙이면 돼요.

· 너는 아프지 않았어.   **You weren't** sick.

★ weren't는 were not의 줄임말이고, 말할 때는 weren't를 많이 써요.

영어 문장을 **따라하며** 에코잉 해 보세요.

MP3를 들으며 메아리처럼 에코잉 해 보세요.

You weren't ~ 　　너는 (어떠)하지 않았어

😊 간식 나눠줬을 때 '너는 공평하지 않았어.'
You weren't fair.　　너는 공평하지 않았어.

😟 그냥 뛰쳐나왔다니 '너는 현명하지 않았어.'
You weren't wise.　　너는 현명하지 않았어.

😟 오늘따라 '너는 친절하지 않았어.'
You weren't kind.　　너는 친절하지 않았어.

😟 잘못해 놓고 '너는 미안해하지 않았어.'
You weren't sorry.　　너는 미안해하지 않았어.

😊 코 안 골던데? '너는 시끄럽지 않았어.'
You weren't noisy.　　너는 시끄럽지 않았어.

😊 네 말대로 '너는 틀리지 않았었어.'
You weren't wrong.　　너는 틀리지 않았었어.

😊 무서울 법도 했는데, '너는 두려워하지 않았어.'
You weren't afraid.　　너는 두려워하지 않았어.

---

fair [페어] 공평한　**wise** [와이즈] 현명한　**noisy** [노이지] 시끄러운　**afraid** [어프레이드] 두려워하는

우리말만 보고 영어로 **자동발사** 해 보세요.

MP3를 들으며 자동발사가 되는지 확인해 보세요.

| 너는 (어떠)하지 않았어 | **You weren't ~** |

간식 나눠줬을 때
너는 공평하지 않았어.   You weren't fair.

그냥 뛰쳐나왔다니
너는 현명하지 않았어.

오늘따라
너는 친절하지 않았어.

잘못해 놓고
너는 미안해하지 않았어.

코 안 골던데?
너는 시끄럽지 않았어.

네 말대로
너는 틀리지 않았었어.

무서울 법도 했는데,
너는 두려워하지 않았어.

영어 문장을 따라하며 에코잉 해 보세요.

 MP3를 들으며 메아리처럼 에코잉 해 보세요.

We weren't ~ 우리는 (어떠)하지 않았어

☹ 인정할게. '우리는 공평하지 않았어.'
We weren't fair. 우리는 공평하지 않았어.

☹ 이런 실수를 하다니, '우리는 현명하지 않았어.'
We weren't wise. 우리는 현명하지 않았어.

😐 의도한 건 아닌데, '우리는 친절하지 않았어.'
We weren't kind. 우리는 친절하지 않았어.

😐 우리 잘못이 아니라서 '우리는 미안해하지 않았어.'
We weren't sorry. 우리는 미안해하지 않았어.

🙂 조용히 있었는데? '우리는 시끄럽지 않았어.'
We weren't noisy. 우리는 시끄럽지 않았어.

🙂 모두의 예상과 다르게 '우리는 틀리지 않았었어.'
We weren't wrong. 우리는 틀리지 않았었어.

🙂 첫 도전이었지만 '우리는 두려워하지 않았어.'
We weren't afraid. 우리는 두려워하지 않았어.

fair [풰어] 공평한   wise [와이즈] 현명한   noisy [노이지] 시끄러운   afraid [어프레이드] 두려워하는

우리말만 보고 영어로 **자동발사** 해 보세요.

🎧 MP3를 들으며 자동발사가 되는지 확인해 보세요.

우리는 (어떠)하지 않았어 — **We weren't ~**

인정할게.
우리는 공평하지 않았어. 🔊 We weren't fair.

이런 실수를 하다니,
우리는 현명하지 않았어. 🔊

의도한 건 아닌데,
우리는 친절하지 않았어. 🔊

우리 잘못이 아니라서
우리는 미안해하지 않았어. 🔊

조용히 있었는데?
우리는 시끄럽지 않았어. 🔊

모두의 예상과 다르게
우리는 틀리지 않았었어. 🔊

첫 도전이었지만
우리는 두려워하지 않았어. 🔊

영어 문장을 따라하며 에코잉 해 보세요.

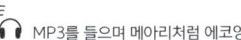 MP3를 들으며 메아리처럼 에코잉 해 보세요.

They weren't ~   그들은 (어떠)하지 않았어

😐 좀 편파적이더라. '그들은 공평하지 않았어.'
They weren't fair.   그들은 공평하지 않았어.

😟 그런 선택을 했다니, '그들은 현명하지 않았어.'
They weren't wise.   그들은 현명하지 않았어.

😞 소문대로 '그들은 친절하지 않았어.'
They weren't kind.   그들은 친절하지 않았어.

😐 뻔뻔하게도 '그들은 미안해하지 않았어.'
They weren't sorry.   그들은 미안해하지 않았어.

🙂 생각보다 '그들은 시끄럽지 않았어.'
They weren't noisy.   그들은 시끄럽지 않았어.

🙂 내가 확인했는데, '그들은 틀리지 않았었어.'
They weren't wrong.   그들은 틀리지 않았었어.

🙂 어떠한 상황에도 '그들은 두려워하지 않았어.'
They weren't afraid.   그들은 두려워하지 않았어.

fair [풰어] 공평한   wise [와이즈] 현명한   noisy [노이지] 시끄러운   afraid [어프레이드] 두려워하는

우리말만 보고 영어로 **자동발사** 해 보세요.

MP3를 들으며 자동발사가 되는지 확인해 보세요.

그들은 (어떠)하지 않았어   **They weren't ~**

좀 편파적이더라.
그들은 공평하지 않았어.   They weren't fair.

그런 선택을 했다니,
그들은 현명하지 않았어.

소문대로
그들은 친절하지 않았어.

뻔뻔하게도
그들은 미안해하지 않았어.

생각보다
그들은 시끄럽지 않았어.

내가 확인했는데,
그들은 틀리지 않았었어.

어떠한 상황에도
그들은 두려워하지 않았어.

일상에서 쓰는 진짜 영어, 쉬운 영어!

10월 24일

여봉

나 어제 코 안 골았어?

 달링

코 안 골던데?
You weren't noisy. 너는 시끄럽지 않았어.

여봉

그래? 다행이다

나 때문에 못 잤을까 봐 걱정했어

 달링

근데 이불을 다 뺏어 가서 좀 춥기는 했어 ㅋㅋ

여봉

미안해 ㅠㅠ

보내기

나는 노력하고 있어.
I'm trying.

나는 ~하고 있어

이렇게 말해요!

'나는 노력해'는 I try, '나는 노력하고 있어'는 try 대신 **am trying**을 사용하면 돼요.
I am은 I'm으로 줄여서 말해요.

- 나는 노력하고 있어.   **I'm trying**.

★ trying은 try에 ing를 붙여서 말하면 돼요.   · try + ing → trying

영어 문장을 **따라하며** 에코잉 해 보세요.

MP3를 들으며 메아리처럼 에코잉 해 보세요.

I'm -ing 나는 ~하고 있어

🙂 배가 너무 고파서 '나는 요리하고 있어.'
I'm cooking. 나는 요리하고 있어.

🙂 택배가 오기만을 '나는 기다리고 있어.'
I'm waiting. 나는 기다리고 있어.

🙁 주말이지만 '나는 일하고 있어.'
I'm working. 나는 일하고 있어.

🙂 바로 뒤에서 '나는 너를 따라가고 있어.'
I'm following you. 나는 너를 따라가고 있어.

🙂 심심해서 '나는 책을 읽고 있어.'
I'm reading a book. 나는 책을 읽고 있어.

🙂 나중에 전화해도 돼? '나는 지금 운전하고 있어.'
I'm driving now. 나는 지금 운전하고 있어.

🙂 좀 있다 들어갈게. '나는 지금 친구를 만나고 있어.'
I'm meeting a friend now. 나는 지금 친구를 만나고 있어.

wait [웨이트] 기다리다   **follow** [팔로우] 따라가다   **drive** [드라이브] 운전하다

우리말만 보고 영어로 **자동발사** 해 보세요.

🎧 MP3를 들으며 자동발사가 되는지 확인해 보세요.

나는 ~하고 있어 — I'm -ing

배가 너무 고파서
나는 요리하고 있어. 📢 I'm cooking.

택배가 오기만을
나는 기다리고 있어. 📢

주말이지만
나는 일하고 있어. 📢

바로 뒤에서
나는 너를 따라가고 있어. 📢

심심해서
나는 책을 읽고 있어. 📢

나중에 전화해도 돼?
나는 지금 운전하고 있어. 📢

좀 있다 들어갈게.
나는 지금 친구를 만나고 있어. 📢

영어 문장을 **따라하며** 에코잉 해 보세요.

🎧 MP3를 들으며 메아리처럼 에코잉 해 보세요.

I'm not -ing
나는 ~하고 있지 않아

🙂 부엌 써도 돼. '나는 요리하고 있지 않아.'
I'm not cooking. — 나는 요리하고 있지 않아.

🙂 줄 선 거 아니야. '나는 기다리고 있지 않아.'
I'm not waiting. — 나는 기다리고 있지 않아.

🙂 점심시간이라서 '나는 일하고 있지 않아.'
I'm not working. — 나는 일하고 있지 않아.

🙂 같은 방향일 뿐이지, '나는 너를 따라가고 있지 않아.'
I'm not following you. — 나는 너를 따라가고 있지 않아.

🙂 도서관에 있긴 한데, '나는 책을 읽고 있지 않아.'
I'm not reading a book. — 나는 책을 읽고 있지 않아.

🙂 잠깐 휴게소에 들렀어. '나는 지금 운전하고 있지 않아.'
I'm not driving now. — 나는 지금 운전하고 있지 않아.

☹ 약속이 취소돼서 '나는 지금 친구를 만나고 있지 않아.'
I'm not meeting a friend now. — 나는 지금 친구를 만나고 있지 않아.

wait [웨이트] 기다리다   follow [팔로우] 따라가다   drive [드라이브] 운전하다

자동발사 톡!

우리말만 보고 영어로 **자동발사** 해 보세요.

🎧 MP3를 들으며 자동발사가 되는지 확인해 보세요.

| 나는 ~하고 있지 않아 | **I'm not -ing** |

부엌 써도 돼.
나는 요리하고 있지 않아. 📢 I'm not cooking.

줄 선 거 아니야.
나는 기다리고 있지 않아. 📢

점심시간이라서
나는 일하고 있지 않아. 📢

같은 방향일 뿐이지,
나는 너를 따라가고 있지 않아. 📢

도서관에 있긴 한데,
나는 책을 읽고 있지 않아. 📢

잠깐 휴게소에 들렀어.
나는 지금 운전하고 있지 않아. 📢

약속이 취소돼서
나는 지금 친구를 만나고 있지 않아. 📢

일상에서 쓰는 진짜 영어, 쉬운 영어!

9월 15일

 상훈
내가 아는 외국인 친구가 있는데

걔가 이번에 한국에서 식당을 차릴 거래

현수
오~ 요리에 자신 있나 보다 ㅋㅋ

 상훈
응 그런데 이것저것 준비하느라 힘든가 봐

이럴 때 그냥 'Fighting' 이렇게 해도 돼?
응원해주고 싶은데...

현수
노노~ 'Fighting'은 '싸움'인데?

그럴 때는
I'm supporting you! 나는 너를 응원하고 있어!

DAY 11

우리는 돕고 있어.
We're help**ing**.   우리는 ~하고 있어

엄마 혼자 집안일 하시느라 얼마나 힘드시겠어! 착한 우리가 거들어야지.
**우리는 돕고 있어.
We're helping.**

이렇게 말해요!

'우리는 도와'는 We help, '우리는 돕고 있어'는 help 대신 **are helping**을 사용하면 돼요. We are은 We're로 줄여서 말해요.

- 우리는 돕고 있어.   **We're helping.**

영어 문장을 **따라하며** 에코잉 해 보세요.

🎧 MP3를 들으며 메아리처럼 에코잉 해 보세요.

We're -ing   우리는 ~하고 있어

😊 부모님께 '우리는 말하고 있어.'
> 영어 문장이 실제로 쓰이는 상황을 같이 보면 더 기억하기 쉬워요!

We're talking. 우리는 말하고 있어.

😊 아직 치우지 마! '우리는 먹고 있어.'

We're eating. 우리는 먹고 있어.

😊 조용히 '우리는 듣고 있어.'

We're listening. 우리는 듣고 있어.

😊 너 기다리면서 '우리는 맥주를 마시고 있어.'

We're drinking beer. 우리는 맥주를 마시고 있어.

😊 너무 재미있어! '우리는 그 여행을 즐기고 있어.'

We're enjoying the trip. 우리는 그 여행을 즐기고 있어.

😊 10분 후에 시험이라서 '우리는 바로 지금 공부하고 있어.'

We're studying right now. 우리는 바로 지금 공부하고 있어.

😊 조금만 기다려 줘. '우리는 바로 지금 거기에 가고 있어.'

We're going there right now. 우리는 바로 지금 거기에 가고 있어.

---

listen [리쓴] 듣다   **enjoy** [인조이] 즐기다   **trip** [트립] 여행   **right now** [롸잇 나우] 바로 지금

우리말만 보고 영어로 **자동발사** 해 보세요.

🎧 MP3를 들으며 자동발사가 되는지 확인해 보세요.

| 우리는 ~하고 있어 | **We're -ing** |

부모님께
우리는 말하고 있어.   📢 We're talking.

아직 치우지 마!
우리는 먹고 있어.   📢

조용히
우리는 듣고 있어.   📢

너 기다리면서
우리는 맥주를 마시고 있어.   📢

너무 재미있어!
우리는 그 여행을 즐기고 있어.   📢

10분 후에 시험이라서
우리는 바로 지금 공부하고 있어.   📢

조금만 기다려 줘.
우리는 바로 지금 거기에 가고 있어.   📢

영어 문장을 **따라하며** 에코잉 해 보세요.

MP3를 들으며 메아리처럼 에코잉 해 보세요.

They're -ing   그들은 ~하고 있어

😊 어제 있었던 일에 대해 '그들은 말하고 있어.'
They're talking.   그들은 말하고 있어.

😊 아까부터 계속 '그들은 먹고 있어.'
They're eating.   그들은 먹고 있어.

😊 아닌 척하지만 사실 '그들은 듣고 있어.'
They're listening.   그들은 듣고 있어.

😊 함께 모여서 '그들은 맥주를 마시고 있어.'
They're drinking beer.   그들은 맥주를 마시고 있어.

😊 예쁜 경치를 보면서 '그들은 그 여행을 즐기고 있어.'
They're enjoying the trip.   그들은 그 여행을 즐기고 있어.

😊 오늘 쪽지 시험 있어서 '그들은 바로 지금 공부하고 있어.'
They're studying right now.   그들은 바로 지금 공부하고 있어.

😊 금방 도착할 거야. '그들은 바로 지금 거기에 가고 있어.'
They're going there right now.   그들은 바로 지금 거기에 가고 있어.

listen [리쓴] 듣다   enjoy [인조이] 즐기다   trip [트륍] 여행   right now [롸잇 나우] 바로 지금

우리말만 보고 영어로 **자동발사** 해 보세요.

🎧 MP3를 들으며 자동발사가 되는지 확인해 보세요.

| 그들은 ~하고 있어 | **They're -ing** |

어제 있었던 일에 대해
그들은 말하고 있어. 📢 They're talking.

아까부터 계속
그들은 먹고 있어. 📢

아닌 척하지만 사실
그들은 듣고 있어. 📢

함께 모여서
그들은 맥주를 마시고 있어. 📢

예쁜 경치를 보면서
그들은 그 여행을 즐기고 있어. 📢

오늘 쪽지 시험 있어서
그들은 바로 지금 공부하고 있어. 📢

금방 도착할 거야.
그들은 바로 지금 거기에 가고 있어. 📢

따라하며 톡!

영어 문장을 **따라하며** 에코잉 해 보세요.

MP3를 들으며 메아리처럼 에코잉 해 보세요.

We're not -ing 　　　우리는 ~하고 있지 않아

😐 지금 그 문제에 대해서 '우리는 말하고 있지 않아.'
We're not talking. 　　　우리는 말하고 있지 않아.

🙂 배가 너무 불러서 '우리는 먹고 있지 않아.'
We're not eating. 　　　우리는 먹고 있지 않아.

☹️ 강의가 너무 지루해서 '우리는 듣고 있지 않아.'
We're not listening. 　　　우리는 듣고 있지 않아.

🙂 치킨만 먹고 있지, '우리는 맥주를 마시고 있지 않아.'
We're not drinking beer. 　　　우리는 맥주를 마시고 있지 않아.

☹️ 너무 더워서 '우리는 그 여행을 즐기고 있지 않아.'
We're not enjoying the trip. 　　　우리는 그 여행을 즐기고 있지 않아.

🙂 여유가 있어서 '우리는 바로 지금 공부하고 있지 않아.'
We're not studying right now. 　　　우리는 바로 지금 공부하고 있지 않아.

🙂 집부터 들러야 해서 '우리는 바로 지금 거기에 가고 있지 않아.'
We're not going there right now. 　　　우리는 바로 지금 거기에 가고 있지 않아.

listen [리쓴] 듣다　　enjoy [인조이] 즐기다　　trip [트립] 여행　　right now [롸잇 나우] 바로 지금

우리말만 보고 영어로 **자동발사** 해 보세요.

| 우리는 ~하고 있지 않아 | **We're not -ing** |

지금 그 문제에 대해서
우리는 말하고 있지 않아. 　We're not talking.

배가 너무 불러서
우리는 먹고 있지 않아.

강의가 너무 지루해서
우리는 듣고 있지 않아.

치킨만 먹고 있지,
우리는 맥주를 마시고 있지 않아.

너무 더워서
우리는 그 여행을 즐기고 있지 않아.

여유가 있어서
우리는 바로 지금 공부하고 있지 않아.

집부터 들러야 해서
우리는 바로 지금 거기에 가고 있지 않아.

일상에서 쓰는 진짜 영어, 쉬운 영어!

7월 10일

다은
어디쯤 오고 있어?

 상훈
걸어서 20분쯤 걸릴 거 같은데...

어디야?

다은
너 기다리면서
We're drinking beer.
우리는 맥주를 마시고 있어.

제일 늦는 사람이 쏘기로 했음 ㅋㅋㅋ

 상훈
그런 게 어딨어!!

지금 뛰어간다 ㅠㅠ

    보내기

DAY 12

그는 보고 있어.
He's watching.   　　　　　　　　　　　　　　　그는 ~하고 있어

이렇게 말해요!

'그는 봐'는 He watches, '그는 보고 있어'는 watches 대신 **is watching**을 사용하면 돼요.
He is는 He's로 줄여서 말해요.

- 그는 보고 있어.　　　　　**He's watching.**

영어 문장을 따라하며 에코잉 해 보세요.

MP3를 들으며 메아리처럼 에코잉 해 보세요.

He's -ing 그는 ~하고 있어

영어 문장이 실제로 쓰이는 상황을 같이 보면 더 기억하기 쉬워요!

😊 최선을 다해서 '그는 노력하고 있어.'
He's trying. 그는 노력하고 있어.

😊 샤워하면서 '그는 노래하고 있어.'
He's singing. 그는 노래하고 있어.

😊 아직 방에서 '그는 자고 있어.'
He's sleeping. 그는 자고 있어.

😊 곧 휴가라서 '그는 계획을 세우고 있어.'
He's making a plan. 그는 계획을 세우고 있어.

😊 스마트폰으로 '그는 이메일을 확인하고 있어.'
He's checking e-mail. 그는 이메일을 확인하고 있어.

😊 그녀를 위해 '그는 저녁 식사를 준비하고 있어.'
He's preparing dinner. 그는 저녁 식사를 준비하고 있어.

😊 지금 여기 없어. '그는 그의 방을 청소하고 있어.'
He's cleaning his room. 그는 그의 방을 청소하고 있어.

plan [플랜] 계획   check [체크] 확인하다   prepare [프리페어] 준비하다   clean [클린] 청소하다

우리말만 보고 영어로 **자동발사** 해 보세요.

MP3를 들으며 자동발사가 되는지 확인해 보세요.

| 그는 ~하고 있어 | **He's -ing** |

최선을 다해서
그는 노력하고 있어. He's trying.

샤워하면서
그는 노래하고 있어.

아직 방에서
그는 자고 있어.

곧 휴가라서
그는 계획을 세우고 있어.

스마트폰으로
그는 이메일을 확인하고 있어.

그녀를 위해
그는 저녁 식사를 준비하고 있어.

지금 여기 없어.
그는 그의 방을 청소하고 있어.

영어 문장을 **따라하며** 에코잉 해 보세요.

MP3를 들으며 메아리처럼 에코잉 해 보세요.

She's -ing 그녀는 ~하고 있어

😊 잘은 못하지만 '그녀는 노력하고 있어.'
She's trying. 그녀는 노력하고 있어.

😊 혼자서 흥얼흥얼 '그녀는 노래하고 있어.'
She's singing. 그녀는 노래하고 있어.

😊 깨우지 마. '그녀는 자고 있어.'
She's sleeping. 그녀는 자고 있어.

😊 달력을 보면서 '그녀는 계획을 세우고 있어.'
She's making a plan. 그녀는 계획을 세우고 있어.

😐 급하다며 '그녀는 이메일을 확인하고 있어.'
She's checking e-mail. 그녀는 이메일을 확인하고 있어.

😊 퇴근하자마자 '그녀는 저녁 식사를 준비하고 있어.'
She's preparing dinner. 그녀는 저녁 식사를 준비하고 있어.

😊 봄을 맞아 '그녀는 그녀의 방을 청소하고 있어.'
She's cleaning her room. 그녀는 그녀의 방을 청소하고 있어.

plan [플랜] 계획 check [췌크] 확인하다 prepare [프뤼페어] 준비하다 clean [클린] 청소하다

우리말만 보고 영어로 **자동발사** 해 보세요.

🎧 MP3를 들으며 자동발사가 되는지 확인해 보세요.

| 그녀는 ~하고 있어 | **She's -ing** |

잘은 못하지만
그녀는 노력하고 있어.　　📢 She's trying.

혼자서 흥얼흥얼
그녀는 노래하고 있어.　　📢

깨우지 마.
그녀는 자고 있어.　　📢

달력을 보면서
그녀는 계획을 세우고 있어.　　📢

급하다며
그녀는 이메일을 확인하고 있어.　　📢

퇴근하자마자
그녀는 저녁 식사를 준비하고 있어.　　📢

봄을 맞아
그녀는 그녀의 방을 청소하고 있어.　　📢

영어 문장을 **따라하며 에코잉** 해 보세요.

MP3를 들으며 메아리처럼 에코잉 해 보세요.

He's not -ing 그는 ~하고 있지 않아

☹ 포기했대. '그는 노력하고 있지 않아.'
He's not trying. 그는 노력하고 있지 않아.

☺ 립싱크야. '그는 노래하고 있지 않아.'
He's not singing. 그는 노래하고 있지 않아.

☺ 전화해도 될걸? '그는 자고 있지 않아.'
He's not sleeping. 그는 자고 있지 않아.

☺ 지금 다른 거 하느라 '그는 계획을 세우고 있지 않아.'
He's not making a plan. 그는 계획을 세우고 있지 않아.

😐 지금 회의 중이라 '그는 이메일을 확인하고 있지 않아.'
He's not checking e-mail. 그는 이메일을 확인하고 있지 않아.

☺ 아직 배가 안 고파서 '그는 저녁 식사를 준비하고 있지 않아.'
He's not preparing dinner. 그는 저녁 식사를 준비하고 있지 않아.

☺ 딴짓만 하고 '그는 그의 방을 청소하고 있지 않아.'
He's not cleaning his room. 그는 그의 방을 청소하고 있지 않아.

plan [플랜] 계획   check [췌크] 확인하다   prepare [프뤼페어] 준비하다   clean [클린] 청소하다

우리말만 보고 영어로 **자동발사** 해 보세요.

MP3를 들으며 자동발사가 되는지 확인해 보세요.

그는 ~하고 있지 않아   He's not -ing

포기했대.
그는 노력하고 있지 않아.   He's not trying.

립싱크야.
그는 노래하고 있지 않아.

전화해도 될걸?
그는 자고 있지 않아.

지금 다른 거 하느라
그는 계획을 세우고 있지 않아.

지금 회의 중이라
그는 이메일을 확인하고 있지 않아.

아직 배가 안 고파서
그는 저녁 식사를 준비하고 있지 않아.

딴짓만 하고
그는 그의 방을 청소하고 있지 않아.

일상에서 쓰는 진짜 영어, 쉬운 영어!

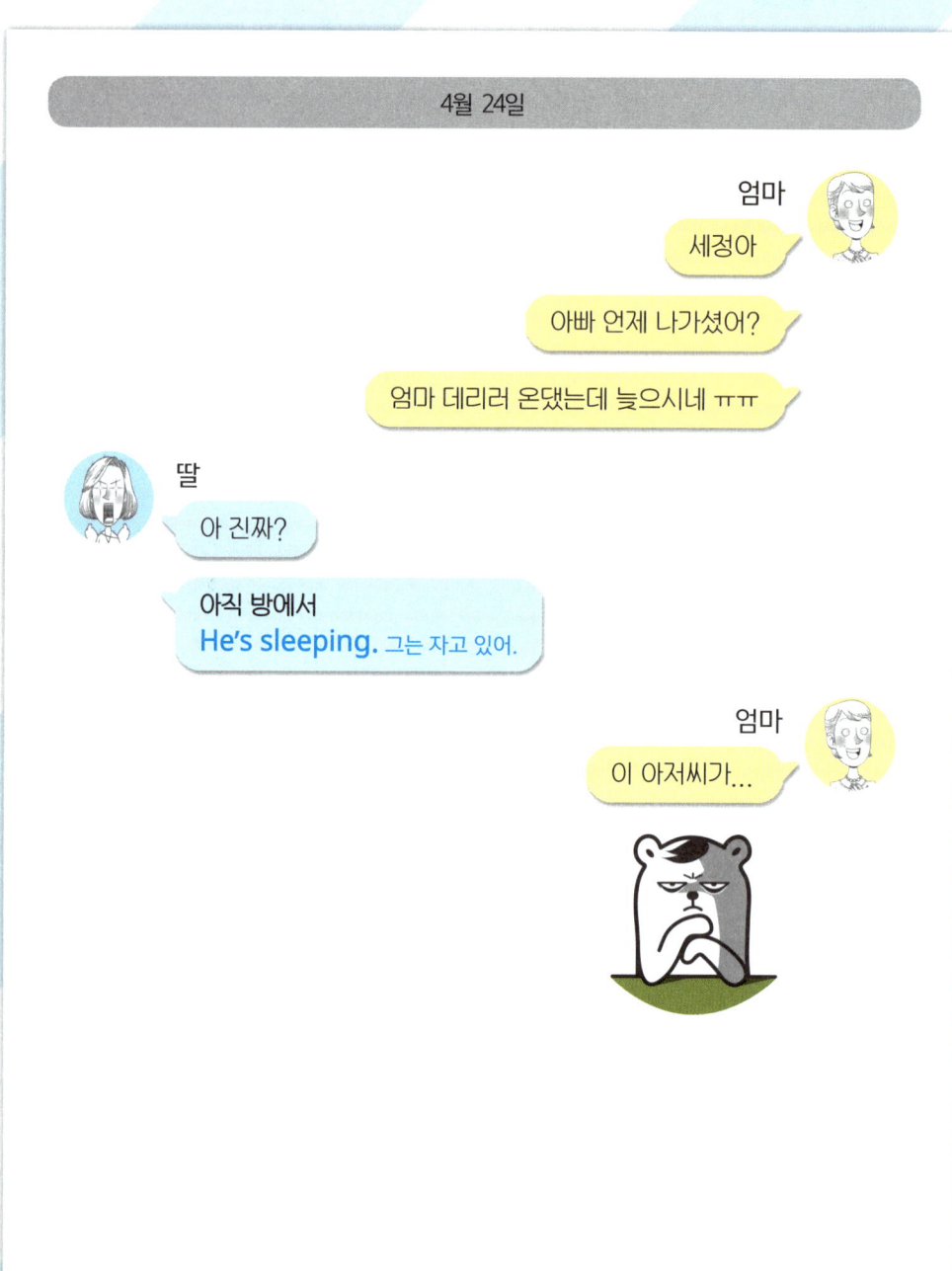

DAY 13

너는 걷고 있니?
Are you walk**ing**? 너는 ~하고 있니?

이렇게 말해요!

'너는 걷고 있어'는 You are walking, '너는 걷고 있니?'는 You보다 are을 먼저 말하면 돼요.

- 너는 걷고 있니? **Are you walking**?

영어 문장을 **따라하며** 에코잉 해 보세요.

 MP3를 들으며 메아리처럼 에코잉 해 보세요.

Are you -ing? 너는 ~하고 있니?

😊 노래 들으며 '너는 달리고 있니?'
> 영어 문장이 실제로 쓰이는 상황을 같이 보면 더 기억하기 쉬워요!

Are you running? 너는 달리고 있니?

😊 내일 시험 보잖아! '너는 공부하고 있니?'

Are you studying? 너는 공부하고 있니?

😐 여보세요? '너는 듣고 있니?'

Are you listening? 너는 듣고 있니?

😊 혼자서 '너는 그걸 고치고 있니?'

Are you fixing it? 너는 그걸 고치고 있니?

😊 바빠 보이네. '너는 보고서를 쓰고 있니?'

Are you writing a report? 너는 보고서를 쓰고 있니?

😊 저 풍경을 보고 '너는 그림을 그리고 있니?'

Are you drawing a picture? 너는 그림을 그리고 있니?

😊 나 좀 쓰고 싶은데, '너는 그 컴퓨터를 사용하고 있니?'

Are you using the computer? 너는 그 컴퓨터를 사용하고 있니?

fix [픽쓰] 고치다   report [뤼포트] 보고서   draw [드뤄] 그리다

우리말만 보고 영어로 **자동발사** 해 보세요.

MP3를 들으며 자동발사가 되는지 확인해 보세요.

너는 ~하고 있니? **Are you -ing?**

노래 들으며
너는 달리고 있니?   Are you running?

내일 시험 보잖아!
너는 공부하고 있니?

여보세요?
너는 듣고 있니?

혼자서
너는 그걸 고치고 있니?

바빠 보이네.
너는 보고서를 쓰고 있니?

저 풍경을 보고
너는 그림을 그리고 있니?

나 좀 쓰고 싶은데,
너는 그 컴퓨터를 사용하고 있니?

영어 문장을 **따라하며** 에코잉 해 보세요.

🎧 MP3를 들으며 메아리처럼 에코잉 해 보세요.

Are they -ing? 그들은 ~하고 있니?

😊 한강에서 '그들은 달리고 있니?'
Are they running? 그들은 달리고 있니?

😊 쉬는 시간인데, '그들은 공부하고 있니?'
Are they studying? 그들은 공부하고 있니?

☹️ 딴짓하는 거 아냐? '그들은 듣고 있니?'
Are they listening? 그들은 듣고 있니?

😊 새로 산다더니 '그들은 그걸 고치고 있니?'
Are they fixing it? 그들은 그걸 고치고 있니?

😐 아직도 '그들은 보고서를 쓰고 있니?'
Are they writing a report? 그들은 보고서를 쓰고 있니?

😐 놀러 와서도 '그들은 그림을 그리고 있니?'
Are they drawing a picture? 그들은 그림을 그리고 있니?

😊 오래 돼 보이는데, '그들은 그 컴퓨터를 사용하고 있니?'
Are they using the computer? 그들은 그 컴퓨터를 사용하고 있니?

fix [픽쓰] 고치다   report [뤼포트] 보고서   draw [드뤄] 그리다

우리말만 보고 영어로 **자동발사** 해 보세요.

🎧 MP3를 들으며 자동발사가 되는지 확인해 보세요.

그들은 ~하고 있니?   **Are they -ing?**

한강에서
그들은 달리고 있니?   📢 Are they running?

쉬는 시간인데,
그들은 공부하고 있니?

딴짓하는 거 아냐?
그들은 듣고 있니?

새로 산다더니
그들은 그걸 고치고 있니?

아직도
그들은 보고서를 쓰고 있니?

놀러 와서도
그들은 그림을 그리고 있니?

오래 돼 보이는데,
그들은 그 컴퓨터를 사용하고 있니?

일상에서 쓰는 진짜 영어, 쉬운 영어!

6월 4일

은지

큰일 났다!!

내일 시험 보잖아!
Are you studying? 너는 공부하고 있니?

난 지금 시작하려고 책 폈어 ㅠㅠ

 재원

시험 공부란 자고로

12시부터 시작하는 거지 ㅋㅋㅋ

커피랑 에너지드링크 마시고 이따가 할 거야~

보내기

DAY 14

그는 춤추고 있니?
Is he dancing? 그는 ~하고 있니?

> 윗집 아저씨, 또 쿵쿵거려...
> 가만... 뭔가 박자가 있는데?
> 하나... 둘, 쿵쿵쿵, 하나... 둘, 쿵쿵쿵.
> 설마...
> 그는 춤추고 있니?
> **Is he dancing?**

하나...둘   짝짝짝!

이렇게 말해요!

'그는 춤추고 있어'는 He is dancing, '그는 춤추고 있니?'는 He보다 is를 먼저 말하면 돼요.

· 그는 춤추고 있니?   **Is he dancing**?

★ dance는 맨 끝의 e를 빼고 ing를 붙여요.   · dance + ing → dancing

영어 문장을 **따라하며** 에코잉 해 보세요.

MP3를 들으며 메아리처럼 에코잉 해 보세요.

Is he -ing?   그는 ~하고 있니?

😊 결승전에서 '그는 이기고 있니?'

영어 문장이 실제로 쓰이는 상황을 같이 보면 더 기억하기 쉬워요!

Is he winning?   그는 이기고 있니?

😢 1등 못 했다고 '그는 울고 있니?'

Is he crying?   그는 울고 있니?

😣 줄이 길다고 '그는 불평하고 있니?'

Is he complaining?   그는 불평하고 있니?

😊 명절인데, '그는 가족을 방문하고 있니?'

Is he visiting family?   그는 가족을 방문하고 있니?

😊 여행 가이드북 사던데, '그는 여행을 계획하고 있니?'

Is he planning a trip?   그는 여행을 계획하고 있니?

😊 금방 나간다던데, '그는 그의 가방을 싸고 있니?'

Is he packing his bag?   그는 그의 가방을 싸고 있니?

😊 맛있는 냄새가 나는데, '그는 뭔가를 요리하고 있니?'

Is he cooking something?   그는 뭔가를 요리하고 있니?

---

complain [컴플레인] 불평하다   **plan** [플랜] 계획하다   **pack** [팩] (가방을) 싸다

우리말만 보고 **자동발사** 해 보세요.

🎧 MP3를 들으며 자동발사가 되는지 확인해 보세요.

그는 ~하고 있니?   **Is he -ing?**

결승전에서
그는 이기고 있니?   📢 Is he winning?

1등 못 했다고
그는 울고 있니?

줄이 길다고
그는 불평하고 있니?

명절인데,
그는 가족을 방문하고 있니?

여행 가이드북 사던데,
그는 여행을 계획하고 있니?

금방 나간다던데,
그는 그의 가방을 싸고 있니?

맛있는 냄새가 나는데,
그는 뭔가를 요리하고 있니?

따라하며 톡!

영어 문장을 **따라하며** 에코잉 해 보세요.

MP3를 들으며 메아리처럼 에코잉 해 보세요.

Is she -ing?   그녀는 ~하고 있니?

😐 어떻게 돼 가고 있어? '그녀는 이기고 있니?'
Is she winning?   그녀는 이기고 있니?

😢 설마 지금 '그녀는 울고 있니?'
Is she crying?   그녀는 울고 있니?

🙂 또 삐쳐서 '그녀는 불평하고 있니?'
Is she complaining?   그녀는 불평하고 있니?

🙂 고향에 내려가서 '그녀는 가족을 방문하고 있니?'
Is she visiting family?   그녀는 가족을 방문하고 있니?

🙂 친구들이랑 '그녀는 여행을 계획하고 있니?'
Is she planning a trip?   그녀는 여행을 계획하고 있니?

😟 아직도 '그녀는 그녀의 가방을 싸고 있니?'
Is she packing her bag?   그녀는 그녀의 가방을 싸고 있니?

🙂 밖에서 먹을까? 아니면 '그녀는 뭔가를 요리하고 있니?'
Is she cooking something?   그녀는 뭔가를 요리하고 있니?

---

complain [컴플레인] 불평하다   **plan** [플랜] 계획하다   **pack** [팩] (가방을) 싸다

우리말만 보고 영어로 **자동발사** 해 보세요.

MP3를 들으며 자동발사가 되는지 확인해 보세요.

| 그녀는 ~하고 있니? | **Is she -ing?** |

어떻게 돼 가고 있어?
그녀는 이기고 있니?   Is she winning?

설마 지금
그녀는 울고 있니?

또 삐쳐서
그녀는 불평하고 있니?

고향에 내려가서
그녀는 가족을 방문하고 있니?

친구들이랑
그녀는 여행을 계획하고 있니?

아직도
그녀는 그녀의 가방을 싸고 있니?

밖에서 먹을까? 아니면
그녀는 뭔가를 요리하고 있니?

영어 문장을 **따라하며** 에코잉 해 보세요.

MP3를 들으며 메아리처럼 에코잉 해 보세요.

Is 지영 -ing?   지영이는 ~하고 있니?

😊 몇 대 몇으로 '지영이는 이기고 있니?'
Is 지영 winning?   지영이는 이기고 있니?

☹️ 무슨 일이 있길래 '지영이는 울고 있니?'
Is 지영 crying?   지영이는 울고 있니?

😣 업무가 많아서 '지영이는 불평하고 있니?'
Is 지영 complaining?   지영이는 불평하고 있니?

😊 오랜만에 '지영이는 가족을 방문하고 있니?'
Is 지영 visiting family?   지영이는 가족을 방문하고 있니?

😊 또 어디 간대? '지영이는 여행을 계획하고 있니?'
Is 지영 planning a trip?   지영이는 여행을 계획하고 있니?

😊 벌써부터 '지영이는 그녀의 가방을 싸고 있니?'
Is 지영 packing her bag?   지영이는 그녀의 가방을 싸고 있니?

😊 부엌에서 '지영이는 뭔가를 요리하고 있니?'
Is 지영 cooking something?   지영이는 뭔가를 요리하고 있니?

---

complain [컴플레인] 불평하다   **plan** [플랜] 계획하다   **pack** [팩] (가방을) 싸다

우리말만 보고 영어로 **자동발사** 해 보세요.

🎧 MP3를 들으며 자동발사가 되는지 확인해 보세요.

지영이는 ~하고 있니?   **Is 지영 -ing?**

몇 대 몇으로
지영이는 이기고 있니? 📢 Is 지영 winning?

무슨 일이 있길래
지영이는 울고 있니? 📢

업무가 많아서
지영이는 불평하고 있니? 📢

오랜만에
지영이는 가족을 방문하고 있니? 📢

또 어디 간대?
지영이는 여행을 계획하고 있니? 📢

벌써부터
지영이는 그녀의 가방을 싸고 있니? 📢

부엌에서
지영이는 뭔가를 요리하고 있니? 📢

일상에서 쓰는 진짜 영어, 쉬운 영어!

11월 1일

 민아 엄마
나 오늘 민아 데리러 유치원에 갔다가 원어민 선생님 만났거든?

혜정 엄마
헉... 인사는 했어? ㅎㅎ

 민아 엄마
어... 근데 나는 민아가 잘하고 있는지 물어보고 싶은데 영어가 안 떠오르는 거지...

어... 'our children... is good adapt...' 이렇게 어버버 거리기만 하고 그냥 왔다니까! ㅜㅜ

혜정 엄마
잘하고 있는지 궁금하면
Is she doing OK? 그녀는 잘하고 있니?

이렇게 물어보면 될 거 같아~

 **민아 엄마**
고마워 ㅜㅜ

다음에는 꼭 제대로 물어봐야지!

보내기

나는 공부하고 있었어.
I was studying. *나는 ~하고 있었어*

이렇게 말해요!

'나는 공부하고 있어'는 I am studying, '나는 공부하고 있었어'는 am 대신 was를 사용하면 돼요.

· 나는 공부하고 있었어.   **I was studying.**

영어 문장을 **따라하며** 에코잉 해 보세요.

 MP3를 들으며 메아리처럼 에코잉 해 보세요.

I was -ing
나는 ~하고 있었어

😊 사진 찍는 내내 '나는 웃고 있었어.'
I was smiling. 나는 웃고 있었어.

😐 휴대폰이 꺼진 줄도 모르고 '나는 말하고 있었어.'
I was talking. 나는 말하고 있었어.

😊 헬스장에서 '나는 운동하고 있었어.'
I was exercising. 나는 운동하고 있었어.

😊 네가 전화했을 때 '나는 민지를 만나고 있었어.'
I was meeting 민지. 나는 민지를 만나고 있었어.

😊 물심양면으로 '나는 그들을 돕고 있었어.'
I was helping them. 나는 그들을 돕고 있었어.

😊 전날 밤새 놀아서 '나는 아침에 자고 있었어.'
I was sleeping in the morning. 나는 아침에 자고 있었어.

😊 모처럼 '나는 아침에 책을 읽고 있었어.'
I was reading a book in the morning. 나는 아침에 책을 읽고 있었어.

---

smile [스마일] 웃다   **exercise** [엑써싸이즈] 운동하다   **in the morning** [인 더 모닝] 아침에

우리말만 보고 영어로 **자동발사** 해 보세요.

MP3를 들으며 자동발사가 되는지 확인해 보세요.

| 나는 ~하고 있었어 | **I was -ing** |

사진 찍는 내내
나는 웃고 있었어.   I was smiling.

휴대폰이 꺼진 줄도 모르고
나는 말하고 있었어.

헬스장에서
나는 운동하고 있었어.

네가 전화했을 때
나는 민지를 만나고 있었어.

물심양면으로
나는 그들을 돕고 있었어.

전날 밤새 놀아서
나는 아침에 자고 있었어.

모처럼
나는 아침에 책을 읽고 있었어.

영어 문장을 **따라하며** 에코잉 해 보세요.

MP3를 들으며 메아리처럼 에코잉 해 보세요.

He was -ing   그는 ~하고 있었어

☺ 눈이 마주쳤을 때 '그는 웃고 있었어.'
He was smiling.   그는 웃고 있었어.

☺ 옆에 있던 친구와 '그는 말하고 있었어.'
He was talking.   그는 말하고 있었어.

☺ 새벽에 '그는 운동하고 있었어.'
He was exercising.   그는 운동하고 있었어.

☹ 나한테 거짓말하고 '그는 민지를 만나고 있었어.'
He was meeting 민지.   그는 민지를 만나고 있었어.

☺ 남몰래 '그는 그들을 돕고 있었어.'
He was helping them.   그는 그들을 돕고 있었어.

☹ 일찍 만나기로 해 놓고 '그는 아침에 자고 있었어.'
He was sleeping in the morning.   그는 아침에 자고 있었어.

☺ 깨우려고 가 보니 '그는 아침에 책을 읽고 있었어.'
He was reading a book in the morning.   그는 아침에 책을 읽고 있었어.

smile [스마일] 웃다   exercise [엑써싸이즈] 운동하다   in the morning [인 더 모닝] 아침에

우리말만 보고 영어로 **자동발사** 해 보세요.

MP3를 들으며 자동발사가 되는지 확인해 보세요.

| 그는 ~하고 있었어 | **He was -ing** |

눈이 마주쳤을 때
그는 웃고 있었어.   He was smiling.

옆에 있던 친구와
그는 말하고 있었어.

새벽에
그는 운동하고 있었어.

나한테 거짓말하고
그는 민지를 만나고 있었어.

남몰래
그는 그들을 돕고 있었어.

일찍 만나기로 해 놓고
그는 아침에 자고 있었어.

깨우려고 가 보니
그는 아침에 책을 읽고 있었어.

영어 문장을 따라하며 에코잉 해 보세요.

🎧 MP3를 들으며 메아리처럼 에코잉 해 보세요.

She was -ing 그녀는 ~하고 있었어

😐 소개팅 내내 억지로 '그녀는 웃고 있었어.'
She was smiling. 그녀는 웃고 있었어.

🙂 정말 작은 목소리로 '그녀는 말하고 있었어.'
She was talking. 그녀는 말하고 있었어.

🙂 공원에서 '그녀는 운동하고 있었어.'
She was exercising. 그녀는 운동하고 있었어.

🙂 애들이 학교 간 동안 '그녀는 민지를 만나고 있었어.'
She was meeting 민지. 그녀는 민지를 만나고 있었어.

🙂 열악한 환경에서 '그녀는 그들을 돕고 있었어.'
She was helping them. 그녀는 그들을 돕고 있었어.

☹ 밥도 안 먹고 '그녀는 아침에 자고 있었어.'
She was sleeping in the morning. 그녀는 아침에 자고 있었어.

🙂 차를 마시며 '그녀는 아침에 책을 읽고 있었어.'
She was reading a book in the morning. 그녀는 아침에 책을 읽고 있었어.

smile [스마일] 웃다   exercise [엑써싸이즈] 운동하다   in the morning [인 더 모닝] 아침에

우리말만 보고 영어로 **자동발사** 해 보세요.

🎧 MP3를 들으며 자동발사가 되는지 확인해 보세요.

그녀는 ~하고 있었어   She was -ing

소개팅 내내 억지로
그녀는 웃고 있었어.   📢 She was smiling.

정말 작은 목소리로
그녀는 말하고 있었어.

공원에서
그녀는 운동하고 있었어.

애들이 학교 간 동안
그녀는 민지를 만나고 있었어.

열악한 환경에서
그녀는 그들을 돕고 있었어.

밥도 안 먹고
그녀는 아침에 자고 있었어.

차를 마시며
그녀는 아침에 책을 읽고 있었어.

일상에서 쓰는 진짜 영어, 쉬운 영어!

4월 14일

상훈
자기야~

아까 전화했는데 안 받더라 ㅠㅠ

 지연

요즘 살찐 것 같아서...

헬스장에서 **I was exercising.** 나는 운동하고 있었어.

상훈

무슨 소리야~

뺄 데가 어딨다고 그래!

이쁘기만 한데!

 지연

 　　　　　　　　　　　보내기

DAY 16

나는 움직이고 있지 않았어.
I wasn't moving. *나는 ~하고 있지 않았어*

무궁화 꽃이 피었습니...다!

뭐?! 내가 걸렸다고?!
아니야!! 애들한테 물어봐!
니가 돌아봤을 때
나는 움직이고 있지 않았어.
I wasn't moving.

이렇게 말해요!

'나는 움직이고 있었어'는 I was moving, '나는 움직이고 있지 않았어'는 was 대신 **wasn't**를 사용하면 돼요.

- **나는 움직이고 있지 않았어.** **I wasn't moving.**

영어 문장을 **따라하며** 에코잉 해 보세요.

🎧 MP3를 들으며 메아리처럼 에코잉 해 보세요.

I wasn't -ing   나는 ~하고 있지 않았어

😊 너랑 같이 먹으려고 '나는 먹고 있지 않았어.'
I wasn't eating.   나는 먹고 있지 않았어.

😐 무슨 소리야! '나는 울고 있지 않았어.'
I wasn't crying.   나는 울고 있지 않았어.

😊 딴 생각하느라 '나는 보고 있지 않았어.'
I wasn't looking.   나는 보고 있지 않았어.

😊 너한테서 '나는 선물을 기대하고 있지 않았어.'
I wasn't expecting a gift.   나는 선물을 기대하고 있지 않았어.

☹️ 남들과 달리 '나는 그 여행을 즐기고 있지 않았어.'
I wasn't enjoying the trip.   나는 그 여행을 즐기고 있지 않았어.

😊 나한테 연락하지~ '나는 금요일에 일하고 있지 않았어.'
I wasn't working on Friday.   나는 금요일에 일하고 있지 않았어.

😊 솔직히 말할게. '나는 금요일에 골프를 치고 있지 않았어.'
I wasn't playing golf on Friday.   나는 금요일에 골프를 치고 있지 않았어.

expect [익스펙트] 기대하다   gift [기프트] 선물   play golf [플레이 골프] 골프를 치다

우리말만 보고 영어로 **자동발사** 해 보세요.

🎧 MP3를 들으며 자동발사가 되는지 확인해 보세요.

| 나는 ~하고 있지 않았어 | **I wasn't -ing** |

너랑 같이 먹으려고
나는 먹고 있지 않았어. 📢 I wasn't eating.

무슨 소리야!
나는 울고 있지 않았어.

딴 생각하느라
나는 보고 있지 않았어.

너한테서
나는 선물을 기대하고 있지 않았어.

남들과 달리
나는 그 여행을 즐기고 있지 않았어.

나한테 연락하지~
나는 금요일에 일하고 있지 않았어.

솔직히 말할게.
나는 금요일에 골프를 치고 있지 않았어.

영어 문장을 **따라하며** 에코잉 해 보세요.

 MP3를 들으며 메아리처럼 에코잉 해 보세요.

He wasn't -ing 그는 ~하고 있지 않았어

☺ 내가 올 때까지 '그는 먹고 있지 않았어.'
He wasn't eating. 그는 먹고 있지 않았어.

😐 강한 척하며 '그는 울고 있지 않았어.'
He wasn't crying. 그는 울고 있지 않았어.

☹ 딴 데 신경 쓰느라 '그는 보고 있지 않았어.'
He wasn't looking. 그는 보고 있지 않았어.

☺ 아무 날도 아니어서 '그는 선물을 기대하고 있지 않았어.'
He wasn't expecting a gift. 그는 선물을 기대하고 있지 않았어.

😐 여행 내내 기분이 별로였나봐. '그는 그 여행을 즐기고 있지 않았어.'
He wasn't enjoying the trip. 그는 그 여행을 즐기고 있지 않았어.

☺ 그때 나랑 놀고 있었는데? '그는 금요일에 일하고 있지 않았어.'
He wasn't working on Friday. 그는 금요일에 일하고 있지 않았어.

☺ 내 예상과 달리 '그는 금요일에 골프를 치고 있지 않았어.'
He wasn't playing golf on Friday. 그는 금요일에 골프를 치고 있지 않았어.

expect [익스펙트] 기대하다   **gift** [기프트] 선물   **play golf** [플레이 골프] 골프를 치다

우리말만 보고 영어로 **자동발사** 해 보세요.

🎧 MP3를 들으며 자동발사가 되는지 확인해 보세요.

그는 ~하고 있지 않았어   He wasn't -ing

내가 올 때까지
그는 먹고 있지 않았어.   📣 He wasn't eating.

강한 척하며
그는 울고 있지 않았어.

딴 데 신경 쓰느라
그는 보고 있지 않았어.

아무 날도 아니어서
그는 선물을 기대하고 있지 않았어.

여행 내내 기분이 별로였나봐.
그는 그 여행을 즐기고 있지 않았어.

그때 나랑 놀고 있었는데?
그는 금요일에 일하고 있지 않았어.

내 예상과 달리
그는 금요일에 골프를 치고 있지 않았어.

영어 문장을 **따라하며** 에코잉 해 보세요.

 MP3를 들으며 메아리처럼 에코잉 해 보세요.

She wasn't -ing   그녀는 ~하고 있지 않았어

😟 깨작거리기만 하고 '그녀는 먹고 있지 않았어.'
She wasn't eating. 그녀는 먹고 있지 않았어.

🙂 그땐 좀 진정됐는지 '그녀는 울고 있지 않았어.'
She wasn't crying. 그녀는 울고 있지 않았어.

😟 반갑게 인사했지만 '그녀는 보고 있지 않았어.'
She wasn't looking. 그녀는 보고 있지 않았어.

🙂 크리스마스 아침이었지만 '그녀는 선물을 기대하고 있지 않았어.'
She wasn't expecting a gift. 그녀는 선물을 기대하고 있지 않았어.

😟 전화해서 물어봤을 때 '그녀는 그 여행을 즐기고 있지 않았어.'
She wasn't enjoying the trip. 그녀는 그 여행을 즐기고 있지 않았어.

🙂 말없이 찾아갔는데, '그녀는 금요일에 일하고 있지 않았어.'
She wasn't working on Friday. 그녀는 금요일에 일하고 있지 않았어.

🙂 내가 장담하건대 '그녀는 금요일에 골프를 치고 있지 않았어.'
She wasn't playing golf on Friday. 그녀는 금요일에 골프를 치고 있지 않았어.

expect [익스펙트] 기대하다   gift [기프트] 선물   play golf [플레이 골프] 골프를 치다

자동발사 톡!

우리말만 보고 **자동발사** 해 보세요.

🎧 MP3를 들으며 자동발사가 되는지 확인해 보세요.

그녀는 ~하고 있지 않았어   **She wasn't -ing**

깨작거리기만 하고
그녀는 먹고 있지 않았어.   📣 She wasn't eating.

그땐 좀 진정됐는지
그녀는 울고 있지 않았어.

반갑게 인사했지만
그녀는 보고 있지 않았어.

크리스마스 아침이었지만
그녀는 선물을 기대하고 있지 않았어.

전화해서 물어봤을 때
그녀는 그 여행을 즐기고 있지 않았어.

말없이 찾아갔는데,
그녀는 금요일에 일하고 있지 않았어.

내가 장담하건대
그녀는 금요일에 골프를 치고 있지 않았어.

일상에서 쓰는 진짜 영어, 쉬운 영어!

7월 30일

은지
> 오빠 ㅋㅋㅋㅋ
> 아까 주인공 죽었을 때 울고 있었지?
> 다 봤어 ㅋㅋㅋ

형석
> 무슨 소리야!
> **I wasn't crying.** 나는 울고 있지 않았어.
> 하도 지루해서 하품한 거거든

은지
> 어련하시겠어 ㅋㅋㅋㅋ

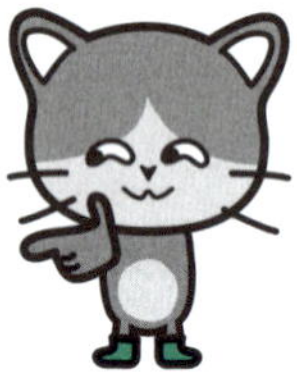

DAY 17

너는 달리고 있었어.
You were running.   너는 ~하고 있었어

이렇게 말해요!

'너는 달리고 있어'는 You are running, '너는 달리고 있었어'는 are 대신 **were**을 사용하면 돼요.

· 너는 달리고 있었어.   **You were running.**

★ run은 맨 끝에 n을 하나 더 붙이고 ing를 붙여요.   · run + ing → running

영어 문장을 **따라하며** 에코잉 해 보세요.

MP3를 들으며 메아리처럼 에코잉 해 보세요.

You were -ing 너는 ~하고 있었어

😊 그렇게 힘든 상황에서도 '너는 노력하고 있었어.'
영어 문장이 실제로 쓰이는 상황을 같이 보면 더 기억하기 쉬워요!
You were trying. 너는 노력하고 있었어.

😊 맥주병을 들고 '너는 춤추고 있었어.'
You were dancing. 너는 춤추고 있었어.

😊 아까 수업 시간에 보니 '너는 자고 있었어.'
You were sleeping. 너는 자고 있었어.

😊 12시도 안 됐는데, '너는 점심을 먹고 있었어.'
You were having lunch. 너는 점심을 먹고 있었어.

😐 그 시간에 '너는 테니스를 치고 있었어.'
You were playing tennis. 너는 테니스를 치고 있었어.

😊 음악을 들으면서 '너는 밤에 운동하고 있었어.'
You were exercising at night. 너는 밤에 운동하고 있었어.

😊 공부는 안 하고 '너는 밤에 TV를 보고 있었어.'
You were watching TV at night. 너는 밤에 TV를 보고 있었어.

have lunch [해브 런취] 점심을 먹다   **at night** [앳 나이트] 밤에

우리말만 보고 영어로 **자동발사** 해 보세요.

🎧 MP3를 들으며 자동발사가 되는지 확인해 보세요.

너는 ~하고 있었어 — **You were -ing**

그렇게 힘든 상황에서도
너는 노력하고 있었어. 📣 You were trying.

맥주병을 들고
너는 춤추고 있었어. 📣

아까 수업 시간에 보니
너는 자고 있었어. 📣

12시도 안 됐는데,
너는 점심을 먹고 있었어. 📣

그 시간에
너는 테니스를 치고 있었어. 📣

음악을 들으면서
너는 밤에 운동하고 있었어. 📣

공부는 안 하고
너는 밤에 TV를 보고 있었어. 📣

따라하며 톡!

영어 문장을 **따라하며** 에코잉 해 보세요.

🎧 MP3를 들으며 메아리처럼 에코잉 해 보세요.

We were -ing
우리는 ~하고 있었어

😊 분위기를 살리려고 '우리는 노력하고 있었어.'
We were trying.
우리는 노력하고 있었어.

😊 남들 신경 안 쓰고 '우리는 춤추고 있었어.'
We were dancing.
우리는 춤추고 있었어.

😊 아빠가 오신 줄도 모르고 '우리는 자고 있었어.'
We were sleeping.
우리는 자고 있었어.

😊 12시 반에 '우리는 점심을 먹고 있었어.'
We were having lunch.
우리는 점심을 먹고 있었어.

😊 집 근처에서 '우리는 테니스를 치고 있었어.'
We were playing tennis.
우리는 테니스를 치고 있었어.

😊 낮에 시간이 안 돼서 '우리는 밤에 운동하고 있었어.'
We were exercising at night.
우리는 밤에 운동하고 있었어.

😊 잠이 안 와서 '우리는 밤에 TV를 보고 있었어.'
We were watching TV at night.
우리는 밤에 TV를 보고 있었어.

have lunch [해브 런취] 점심을 먹다   **at night** [앳 나이트] 밤에

우리말만 보고 영어로 **자동발사** 해 보세요.

MP3를 들으며 자동발사가 되는지 확인해 보세요.

우리는 ~하고 있었어 — **We were -ing**

분위기를 살리려고
우리는 노력하고 있었어.   We were trying.

남들 신경 안 쓰고
우리는 춤추고 있었어.

아빠가 오신 줄도 모르고
우리는 자고 있었어.

12시 반에
우리는 점심을 먹고 있었어.

집 근처에서
우리는 테니스를 치고 있었어.

낮에 시간이 안 돼서
우리는 밤에 운동하고 있었어.

잠이 안 와서
우리는 밤에 TV를 보고 있었어.

영어 문장을 **따라하며** 에코잉 해 보세요.

MP3를 들으며 메아리처럼 에코잉 해 보세요.

They were -ing 그들은 ~하고 있었어

😊 보이지 않는 곳에서 '그들은 노력하고 있었어.'
They were trying. 그들은 노력하고 있었어.

😊 어제 클럽에서 '그들은 춤추고 있었어.'
They were dancing. 그들은 춤추고 있었어.

😐 많이 피곤했는지 '그들은 자고 있었어.'
They were sleeping. 그들은 자고 있었어.

😐 내가 방문했을 때 '그들은 점심을 먹고 있었어.'
They were having lunch. 그들은 점심을 먹고 있었어.

😊 늦은 시간까지 '그들은 테니스를 치고 있었어.'
They were playing tennis. 그들은 테니스를 치고 있었어.

😊 지나가다 봤는데, '그들은 밤에 운동하고 있었어.'
They were exercising at night. 그들은 밤에 운동하고 있었어.

😊 자다 깨 보니 '그들은 밤에 TV를 보고 있었어.'
They were watching TV at night. 그들은 밤에 TV를 보고 있었어.

have lunch [해브 런취] 점심을 먹다   **at night** [앳 나이트] 밤에

자동발사 톡!

우리말만 보고 영어로 **자동발사** 해 보세요.

🎧 MP3를 들으며 자동발사가 되는지 확인해 보세요.

그들은 ~하고 있었어 — **They were -ing**

보이지 않는 곳에서
그들은 노력하고 있었어. 📣 They were trying.

어제 클럽에서
그들은 춤추고 있었어. 📣

많이 피곤했는지
그들은 자고 있었어. 📣

내가 방문했을 때
그들은 점심을 먹고 있었어. 📣

늦은 시간까지
그들은 테니스를 치고 있었어. 📣

지나가다 봤는데,
그들은 밤에 운동하고 있었어. 📣

자다 깨 보니
그들은 밤에 TV를 보고 있었어. 📣

일상에서 쓰는 진짜 영어, 쉬운 영어!

10월 7일

아내
은지 아빠, 병원 갔다 왔어?

 남편♥
갔었는데 이따 다시 가야 돼...

아내
왜...?! 어디 이상 있대?
정밀 검사라도 받으래?

 남편♥
그게 아니라~

내가 방문했을 때
They were having lunch.
그들은 점심을 먹고 있었어.

보내기

DAY 18

너는 듣고 있지 않았어.
You weren't listening.   너는 ~하고 있지 않았어

이상한 데 와 버렸잖아.
음악 듣느라 집중 안 했지?
내비게이션이 알려줄 때
너는 듣고 있지 않았어.
You weren't listening.

이렇게 말해요!

'너는 듣고 있었어'는 You were listening, '너는 듣고 있지 않았어'는 were 대신 **weren't**를 사용하면 돼요.

- 너는 듣고 있지 않았어.   **You weren't listening.**

영어 문장을 **따라하며** 에코잉 해 보세요.

 MP3를 들으며 메아리처럼 에코잉 해 보세요.

You weren't -ing 너는 ~하고 있지 않았어

😐 다 같이 부르는데, '너는 노래하고 있지 않았어.' *영어 문장이 실제로 쓰이는 상황을 같이 보면 더 기억하기 쉬워요!*
You weren't singing. 너는 노래하고 있지 않았어.

😊 시합 내내 '너는 달리고 있지 않았어.'
You weren't running. 너는 달리고 있지 않았어.

😞 다들 웃고 있었는데, '너는 웃고 있지 않았어.'
You weren't laughing. 너는 웃고 있지 않았어.

😊 그렇게 혼나고도 '너는 숙제를 하고 있지 않았어.'
You weren't doing homework. 너는 숙제를 하고 있지 않았어.

😐 핑계를 대면서 '너는 그 규칙을 따르고 있지 않았어.'
You weren't following the rule. 너는 그 규칙을 따르고 있지 않았어.

😊 내 기억이 맞다면 '너는 7시에 술을 마시고 있지 않았어.'
You weren't drinking at 7. 너는 7시에 술을 마시고 있지 않았어.

😊 나랑 영화 보고 있었지. '너는 7시에 저녁을 먹고 있지 않았어.'
You weren't eating dinner at 7. 너는 7시에 저녁을 먹고 있지 않았어.

---

laugh [래프] 웃다   follow [팔로우] 따르다   rule [룰] 규칙   drink [드링크] (술을) 마시다

우리말만 보고 영어로 **자동발사** 해 보세요.

🎧 MP3를 들으며 자동발사가 되는지 확인해 보세요.

너는 ~하고 있지 않았어 — You weren't -ing

다 같이 부르는데,
너는 노래하고 있지 않았어. → You weren't singing.

시합 내내
너는 달리고 있지 않았어. →

다들 웃고 있었는데,
너는 웃고 있지 않았어. →

그렇게 혼나고도
너는 숙제를 하고 있지 않았어. →

핑계를 대면서
너는 그 규칙을 따르고 있지 않았어. →

내 기억이 맞다면
너는 7시에 술을 마시고 있지 않았어. →

나랑 영화 보고 있었지.
너는 7시에 저녁을 먹고 있지 않았어. →

영어 문장을 **따라하며** 에코잉 해 보세요.

 MP3를 들으며 메아리처럼 에코잉 해 보세요.

We weren't -ing   우리는 ~하고 있지 않았어

☺ 선생님이 들어오셨을 때 '우리는 노래하고 있지 않았어.'
We weren't singing.   우리는 노래하고 있지 않았어.

☺ 남들은 다 달리고 있었는데, '우리는 달리고 있지 않았어.'
We weren't running.   우리는 달리고 있지 않았어.

☹ 그 사진에서만 '우리는 웃고 있지 않았어.'
We weren't laughing.   우리는 웃고 있지 않았어.

☺ 만화 보느라 '우리는 숙제를 하고 있지 않았어.'
We weren't doing homework.   우리는 숙제를 하고 있지 않았어.

☹ 알면서도 '우리는 그 규칙을 따르고 있지 않았어.'
We weren't following the rule.   우리는 그 규칙을 따르고 있지 않았어.

☺ 8시에 만났는데? '우리는 7시에 술을 마시고 있지 않았어.'
We weren't drinking at 7.   우리는 7시에 술을 마시고 있지 않았어.

☺ 그땐 집에 가고 있었어. '우리는 7시에 저녁을 먹고 있지 않았어.'
We weren't eating dinner at 7.   우리는 7시에 저녁을 먹고 있지 않았어.

laugh [래프] 웃다   follow [팔로우] 따르다   rule [룰] 규칙   drink [드링크] (술을) 마시다

우리말만 보고 **자동발사** 해 보세요.

🎧 MP3를 들으며 자동발사가 되는지 확인해 보세요.

| 우리는 ~하고 있지 않았어 | **We weren't -ing** |

선생님이 들어오셨을 때
우리는 노래하고 있지 않았어. 📢 We weren't singing.

남들은 다 달리고 있었는데,
우리는 달리고 있지 않았어. 📢

그 사진에서만
우리는 웃고 있지 않았어. 📢

만화 보느라
우리는 숙제를 하고 있지 않았어. 📢

알면서도
우리는 그 규칙을 따르고 있지 않았어. 📢

8시에 만났는데?
우리는 7시에 술을 마시고 있지 않았어. 📢

그때 집에 가고 있었어.
우리는 7시에 저녁을 먹고 있지 않았어. 📢

영어 문장을 **따라하며** 에코잉 해 보세요.

MP3를 들으며 메아리처럼 에코잉 해 보세요.

They weren't -ing   그들은 ~하고 있지 않았어

😊 입만 벙긋거리고 '그들은 노래하고 있지 않았어.'
They weren't singing.   그들은 노래하고 있지 않았어.

😊 늦었는데, '그들은 달리고 있지 않았어.'
They weren't running.   그들은 달리고 있지 않았어.

☹ 나만 웃고 '그들은 웃고 있지 않았어.'
They weren't laughing.   그들은 웃고 있지 않았어.

😐 집에 딱 들어가니까 '그들은 숙제를 하고 있지 않았어.'
They weren't doing homework.   그들은 숙제를 하고 있지 않았어.

☹ 아무도 안 본다고 '그들은 그 규칙을 따르고 있지 않았어.'
They weren't following the rule.   그들은 그 규칙을 따르고 있지 않았어.

😊 그 시간엔 사무실이었지. '그들은 7시에 술을 마시고 있지 않았어.'
They weren't drinking at 7.   그들은 7시에 술을 마시고 있지 않았어.

😊 평소와는 달리 '그들은 7시에 저녁을 먹고 있지 않았어.'
They weren't eating dinner at 7.   그들은 7시에 저녁을 먹고 있지 않았어.

laugh [래프] 웃다   follow [팔로우] 따르다   rule [룰] 규칙   drink [드륑크] (술을) 마시다

자동발사 톡!

우리말만 보고 영어로 **자동발사** 해 보세요.

MP3를 들으며 자동발사가 되는지 확인해 보세요.

| 그들은 ~하고 있지 않았어 | **They weren't -ing** |

입만 벙긋거리고
그들은 노래하고 있지 않았어. 🔊 They weren't singing.

늦었는데,
그들은 달리고 있지 않았어.

나만 웃고
그들은 웃고 있지 않았어.

집에 딱 들어가니까
그들은 숙제를 하고 있지 않았어.

아무도 안 본다고
그들은 그 규칙을 따르고 있지 않았어.

그 시간엔 사무실이었지.
그들은 7시에 술을 마시고 있지 않았어.

평소와는 달리
그들은 7시에 저녁을 먹고 있지 않았어.

일상에서 쓰는 진짜 영어, 쉬운 영어!

9월 9일

아들
엄마, 반 애들이 나 싫어하나 봐

 엄마
왜?

아들
아깐 진짜 웃긴 얘기 해주는 중이었는데

나만 웃고
They weren't laughing.
그들은 웃고 있지 않았어.

 엄마
그래도 네가 선생님이니까 잘해봐

아들
응 ㅠㅠ

보내기

DAY 19

그는 그 컴퓨터를 쓰고 있었니?
Was he using the computer?   그는 ~하고 있었니?

현수 컴퓨터?
켜져 있길래, 내가 껐어.
현수가 작업하던 문서가... 다 날아갔다고??

그는 그 컴퓨터를 쓰고 있었니?
Was he using the computer?

이렇게 말해요!

'그는 그 컴퓨터를 쓰고 있었어'는 He was using the computer, '그는 그 컴퓨터를 쓰고 있었니?'는 He보다 was를 먼저 말하면 돼요.

- 그는 그 컴퓨터를 쓰고 있었니?   **Was he using the computer?**

영어 문장을 **따라하며** 에코잉 해 보세요.

MP3를 들으며 메아리처럼 에코잉 해 보세요.

Was he -ing?   그는 ~하고 있었니?

😊 운동화 신고 '그는 걷고 있었니?'   영어 문장이 실제로 쓰이는 상황을 같이 보면 더 기억하기 쉬워요!

Was he walking?   그는 걷고 있었니?

😊 아까 전화 안 받던데, '그는 운전하고 있었니?'

Was he driving?   그는 운전하고 있었니?

😊 네가 끝날 때까지 '그는 기다리고 있었니?'

Was he waiting?   그는 기다리고 있었니?

☹ 헬멧도 안 쓰고 '그는 자전거를 타고 있었니?'

Was he riding a bicycle?   그는 자전거를 타고 있었니?

😊 조금 전에 '그는 피아노를 치고 있었니?'

Was he playing the piano?   그는 피아노를 치고 있었니?

😊 집에서 '그는 오후 6시에 요리하고 있었니?'

Was he cooking at 6 p.m.?   그는 오후 6시에 요리하고 있었니?

☹ 원래 7시 아니야? '그는 오후 6시에 아이들을 가르치고 있었니?'

Was he teaching kids at 6 p.m.?   그는 오후 6시에 아이들을 가르치고 있었니?

ride [롸이드] 타다   bicycle [바이씨클] 자전거   play the piano [플레이 더 피애노] 피아노를 치다

우리말만 보고 영어로 **자동발사** 해 보세요.

🎧 MP3를 들으며 자동발사가 되는지 확인해 보세요.

그는 ~하고 있었니?   **Was he -ing?**

운동화 신고
그는 걷고 있었니?   📢 Was he walking?

아까 전화 안 받던데,
그는 운전하고 있었니?

네가 끝날 때까지
그는 기다리고 있었니?

헬멧도 안 쓰고
그는 자전거를 타고 있었니?

조금 전에
그는 피아노를 치고 있었니?

집에서
그는 오후 6시에 요리하고 있었니?

원래 7시 아니야?
그는 오후 6시에 아이들을 가르치고 있었니?

영어 문장을 **따라하며** 에코잉 해 보세요.

 MP3를 들으며 메아리처럼 에코잉 해 보세요.

Was she -ing?   그녀는 ~하고 있었니?

😊 이 주변에서 '그녀는 걷고 있었니?'
Was she walking?   그녀는 걷고 있었니?

☹ 그렇게 늦은 시간에 '그녀는 운전하고 있었니?'
Was she driving?   그녀는 운전하고 있었니?

😊 네가 도착했을 때 '그녀는 기다리고 있었니?'
Was she waiting?   그녀는 기다리고 있었니?

😊 등굣길에 '그녀는 자전거를 타고 있었니?'
Was she riding a bicycle?   그녀는 자전거를 타고 있었니?

😊 집에서 '그녀는 피아노를 치고 있었니?'
Was she playing the piano?   그녀는 피아노를 치고 있었니?

😊 3시에 장 다 봤는데, '그녀는 오후 6시에 요리하고 있었니?'
Was she cooking at 6 p.m.?   그녀는 오후 6시에 요리하고 있었니?

☹ 자리에 없던데, '그녀는 오후 6시에 아이들을 가르치고 있었니?'
Was she teaching kids at 6 p.m.?   그녀는 오후 6시에 아이들을 가르치고 있었니?

ride [롸이드] 타다   bicycle [바이씨클] 자전거   play the piano [플레이 더 피애노] 피아노를 치다

우리말만 보고 영어로 **자동발사** 해 보세요.

🎧 MP3를 들으며 자동발사가 되는지 확인해 보세요.

그녀는 ~하고 있었니? **Was she -ing?**

이 주변에서
그녀는 걷고 있었니?
📢 Was she walking?

그렇게 늦은 시간에
그녀는 운전하고 있었니?
📢

네가 도착했을 때
그녀는 기다리고 있었니?
📢

등굣길에
그녀는 자전거를 타고 있었니?
📢

집에서
그녀는 피아노를 치고 있었니?
📢

3시에 잠 다 봤는데,
그녀는 오후 6시에 요리하고 있었니?
📢

자리에 없던데,
그녀는 오후 6시에 아이들을 가르치고 있었니? 📢

영어 문장을 **따라하며** 에코잉 해 보세요.

 MP3를 들으며 메아리처럼 에코잉 해 보세요.

Was 유나 -ing?   유나는 ~하고 있었니?

☹ 그렇게 오래 '유나는 걷고 있었니?'
Was 유나 walking?   유나는 걷고 있었니?

☺ 라디오를 들으며 '유나는 운전하고 있었니?'
Was 유나 driving?   유나는 운전하고 있었니?

😐 늦는다고 했는데도 '유나는 기다리고 있었니?'
Was 유나 waiting?   유나는 기다리고 있었니?

☺ 이렇게 날씨가 더운데도 '유나는 자전거를 타고 있었니?'
Was 유나 riding a bicycle?   유나는 자전거를 타고 있었니?

☺ 피아노 소리가 들리던데, '유나는 피아노를 치고 있었니?'
Was 유나 playing the piano?   유나는 피아노를 치고 있었니?

☺ 7시에 손님들 온다던데, '유나는 오후 6시에 요리하고 있었니?'
Was 유나 cooking at 6 p.m.?   유나는 오후 6시에 요리하고 있었니?

☺ 끝나고, 또 '유나는 오후 6시에 아이들을 가르치고 있었니?'
Was 유나 teaching kids at 6 p.m.?   유나는 오후 6시에 아이들을 가르치고 있었니?

ride [롸이드] 타다   bicycle [바이씨클] 자전거   play the piano [플레이 더 피애노] 피아노를 치다

자동발사 톡!

우리말만 보고 영어로 **자동발사** 해 보세요.

🎧 MP3를 들으며 자동발사가 되는지 확인해 보세요.

유나는 ~하고 있었니?   **Was 유나 -ing?**

그렇게 오래
유나는 걷고 있었니? 📣 Was 유나 walking?

라디오를 들으며
유나는 운전하고 있었니? 📣

늦는다고 했는데도
유나는 기다리고 있었니? 📣

이렇게 날씨가 더운데도
유나는 자전거를 타고 있었니? 📣

피아노 소리가 들리던데,
유나는 피아노를 치고 있었니? 📣

7시에 손님들 온다던데,
유나는 오후 6시에 요리하고 있었니? 📣

끝나고, 또
유나는 오후 6시에 아이들을 가르치고 있었니? 📣

일상에서 쓰는 진짜 영어, 쉬운 영어!

DAY 20

> ## 너의 생일은 언제니?
> When is your birthday?   (무엇)은 언제니?

이렇게 말해요!

'너의 생일'은 your birthday, '너의 생일은 언제니?'는 그 앞에 **When is**를 붙이면 되고, '너의 생일은 언제였니?'는 **When was**를 붙이면 돼요.

- 너의 생일은 언제니?   **When is** your birthday?
- 너의 생일은 언제였니?   **When was** your birthday?

영어 문장을 **따라하며** 에코잉 해 보세요.

 MP3를 들으며 메아리처럼 에코잉 해 보세요.

When is ~? (무엇)은 언제니?

😊 이번에 본다던 '그 시험은 언제니?'

When is the test? — 그 시험은 언제니?

😊 결승전만 남았지? '그 경기는 언제니?'

When is the game? — 그 경기는 언제니?

😊 너 생일 파티 한다며? '그 파티는 언제니?'

When is the party? — 그 파티는 언제니?

😊 나도 가고 싶은데, '그 축제는 언제니?'

When is the festival? — 그 축제는 언제니?

😊 내가 예매할게. '그 콘서트는 언제니?'

When is the concert? — 그 콘서트는 언제니?

😊 언제까지 제출해야 돼? '그 마감일은 언제니?'

When is the deadline? — 그 마감일은 언제니?

😊 너희 언니 곧 결혼한다며? '그 결혼식은 언제니?'

When is the wedding? — 그 결혼식은 언제니?

festival [페스티벌] 축제   deadline [데드라인] 마감일   wedding [웨딩] 결혼식

우리말만 보고 영어로 **자동발사** 해 보세요.

MP3를 들으며 자동발사가 되는지 확인해 보세요.

(무엇)은 언제니?   When is ~?

이번에 본다던
그 시험은 언제니?   When is the test?

결승전만 남았지?
그 경기는 언제니?

너 생일 파티 한다며?
그 파티는 언제니?

나도 가고 싶은데,
그 축제는 언제니?

내가 예매할게.
그 콘서트는 언제니?

언제까지 제출해야 돼?
그 마감일은 언제니?

너희 언니 곧 결혼한다며?
그 결혼식은 언제니?

영어 문장을 **따라하며** 에코잉 해 보세요.

🎧 MP3를 들으며 메아리처럼 에코잉 해 보세요.

When was ~? (무엇)은 언제였니?

😐 결과 발표가 늦어지네. '그 시험은 언제였니?'
When was the test? 그 시험은 언제였니?

🙁 기억이 가물가물해. '그 경기는 언제였니?'
When was the game? 그 경기는 언제였니?

🙁 난 초대 못 받았는데. '그 파티는 언제였니?'
When was the party? 그 파티는 언제였니?

🙂 재미있었겠다! '그 축제는 언제였니?'
When was the festival? 그 축제는 언제였니?

🙂 지난번에 친구랑 간 '그 콘서트는 언제였니?'
When was the concert? 그 콘서트는 언제였니?

😐 과제 내야 하는 '그 마감일은 언제였니?'
When was the deadline? 그 마감일은 언제였니?

🙂 토요일이었나? '그 결혼식은 언제였니?'
When was the wedding? 그 결혼식은 언제였니?

festival [풰스티벌] 축제 **deadline** [데드라인] 마감일 **wedding** [웨딩] 결혼식

우리말만 보고 영어로 **자동발사** 해 보세요.

🎧 MP3를 들으며 자동발사가 되는지 확인해 보세요.

(무엇)은 언제였니?   When was ~?

결과 발표가 늦어지네.
그 시험은 언제였니?   📢 When was the test?

기억이 가물가물해.
그 경기는 언제였니?   📢

난 초대 못 받았는데,
그 파티는 언제였니?   📢

재미있었겠다!
그 축제는 언제였니?   📢

지난번에 친구랑 간
그 콘서트는 언제였니?   📢

과제 내야 하는
그 마감일은 언제였니?   📢

토요일이었나?
그 결혼식은 언제였니?   📢

일상에서 쓰는 진짜 영어, 쉬운 영어!

11월 7일

지연
드디어 레포트 한 장 남았다!

언제까지 제출해야 돼?
When is the deadline? 그 마감일은 언제니?

 현수
어... 지난주까지였는데?

지연
에이~ 장난치지 마 ㅋㅋㅋ

 현수
진짜야...

지연
장난이라고 말해줘 제발 ㅠㅠ

보내기

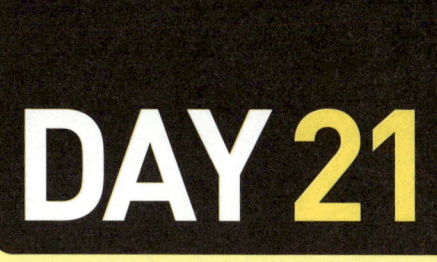

너의 전화번호는 무엇이니?
What is your phone number? (무엇)은 무엇이니?

저기...
이런 거 물어보는 성격이 아닌데,
놓치면 안 될 것 같아서...
너의 전화번호는 무엇이니?
What is your phone number?

이렇게 말해요!

'너의 전화번호'는 your phone number, '너의 전화번호는 무엇이니?'는 그 앞에 **What is**를 붙이면 되고, '너의 전화번호는 무엇이었니?'는 **What was**를 붙이면 돼요.

- 너의 전화번호는 무엇이니?   **What is** your phone number?
- 너의 전화번호는 무엇이었니?   **What was** your phone number?

영어 문장을 따라하며 에코잉 해 보세요.

🎧 MP3를 들으며 메아리처럼 에코잉 해 보세요.

What is ~? (무엇)은 무엇이니?

😊 주머니에 '그건 무엇이니?'

What is it? 그건 무엇이니?

😊 지금 맡은 '너의 역할은 무엇이니?'

What is your role? 너의 역할은 무엇이니?

😊 요즘 '너의 취미는 무엇이니?'

What is your hobby? 너의 취미는 무엇이니?

😊 난 연예인이 되고 싶은데, '너의 꿈은 무엇이니?'

What is your dream? 너의 꿈은 무엇이니?

😊 솔직한 '너의 의견은 무엇이니?'

What is your opinion? 너의 의견은 무엇이니?

😊 네가 지금 고민하고 있는 '그 문제는 무엇이니?'

What is the problem? 그 문제는 무엇이니?

😊 거기 손든 학생! '너의 질문은 무엇이니?'

What is your question? 너의 질문은 무엇이니?

> 영어 문장이 실제로 쓰이는 상황을 같이 보면 더 기억하기 쉬워요!

role [롤] 역할   hobby [하비] 취미   opinion [오피니언] 의견   problem [프라블럼] 문제

자동발사 톡!

우리말만 보고 영어로 **자동발사** 해 보세요.

🎧 MP3를 들으며 자동발사가 되는지 확인해 보세요.

(무엇)은 무엇이니? — What is ~?

주머니에
그건 무엇이니?   📢 What is it?

지금 맡은
너의 역할은 무엇이니?

요즘
너의 취미는 무엇이니?

난 연예인이 되고 싶은데,
너의 꿈은 무엇이니?

솔직한
너의 의견은 무엇이니?

네가 지금 고민하고 있는
그 문제는 무엇이니?

거기 손든 학생!
너의 질문은 무엇이니?

영어 문장을 따라하며 에코잉 해 보세요.

🎧 MP3를 들으며 메아리처럼 에코잉 해 보세요.

What was ~?   (무엇)은 무엇이었니?

😊 지난번에 받은 선물, '그건 무엇이었니?'
What was it?   그건 무엇이었니?

😊 저번 연극에서 '너의 역할은 무엇이었니?'
What was your role?   너의 역할은 무엇이었니?

😊 학창 시절에 '너의 취미는 무엇이었니?'
What was your hobby?   너의 취미는 무엇이었니?

😊 어렸을 적 '너의 꿈은 무엇이었니?'
What was your dream?   너의 꿈은 무엇이었니?

😊 찬성과 반대 중 '너의 의견은 무엇이었니?'
What was your opinion?   너의 의견은 무엇이었니?

☹ 며칠 전까지 속 썩였던 '그 문제는 무엇이었니?'
What was the problem?   그 문제는 무엇이었니?

😊 다시 말해 줄래? '너의 질문은 무엇이었니?'
What was your question?   너의 질문은 무엇이었니?

role [롤] 역할   **hobby** [하비] 취미   **opinion** [오피니언] 의견   **problem** [프라블럼] 문제

우리말만 보고 영어로 **자동발사** 해 보세요.

🎧 MP3를 들으며 자동발사가 되는지 확인해 보세요.

(무엇)은 무엇이었니?   What was ~?

지난번에 받은 선물,
그건 무엇이었니?   📢 What was it?

저번 연극에서
너의 역할은 무엇이었니?   📢

학창 시절에
너의 취미는 무엇이었니?   📢

어렸을 적
너의 꿈은 무엇이었니?   📢

찬성과 반대 중
너의 의견은 무엇이었니?   📢

며칠 전까지 속 썩였던
그 문제는 무엇이었니?   📢

다시 말해 줄래?
너의 질문은 무엇이었니?   📢

일상에서 쓰는 진짜 영어, 쉬운 영어!

2월 23일

형준
회사원이 될 줄은 상상도 못했는데…
못 이룬 꿈이 아쉽다 ㅠㅠ

 재훈
어렸을 적
What was your dream?
너의 꿈은 무엇이었니?

형준
재벌 2세 ㅋㅋㅋ
근데 아빠가 노력을 안 하더라고

 재훈
ㅋㅋㅋㅋㅋㅋ

 　　　　　　　　　　　보내기

DAY 22

내 차는 어떠니?
How is my car?   (무엇)은 어떠니?

이렇게 말해요!

'내 차'는 my car, '내 차는 어떠니?'는 그 앞에 **How is**를 붙이면 되고, '내 차는 어땠니?'는 **How was**를 붙이면 돼요.

- 내 차**는 어떠니**?   **How is** my car?
- 내 차**는 어땠니**?   **How was** my car?

영어 문장을 **따라하며** 에코잉 해 보세요.

🎧 MP3를 들으며 메아리처럼 에코잉 해 보세요.

How is ~? (무엇)은 어떠니?

😊 개학했지? '학교는 어떠니?'
영어 문장이 실제로 쓰이는 상황을 같이 보면 더 기억하기 쉬워요!

How is school?　　　　　　　　　　　학교는 어떠니?

😊 네가 시킨 '그 음식은 어떠니?'

How is the food?　　　　　　　　　　그 음식은 어떠니?

😊 잘 놀고 있어? '너의 여행은 어떠니?'

How is your trip?　　　　　　　　　　너의 여행은 어떠니?

😊 읽을 만해? '그 책은 어떠니?'

How is the book?　　　　　　　　　　그 책은 어떠니?

😊 지금 1위인 '그 영화는 어떠니?'

How is the movie?　　　　　　　　　그 영화는 어떠니?

😊 요즘 '너의 일은 어떠니?'

How is your work?　　　　　　　　　너의 일은 어떠니?

😊 오늘 '날씨는 어떠니?'

How is the weather?　　　　　　　　날씨는 어떠니?
'날씨' 앞에는 보통 the를 붙여서 말해요.

school [스쿨] 학교　food [푸드] 음식　work [월크] 일　weather [웨더] 날씨

우리말만 보고 **자동발사** 해 보세요.

🎧 MP3를 들으며 자동발사가 되는지 확인해 보세요.

(무엇)은 어떠니? — How is ~?

개학했지?
학교는 어떠니? 📢 How is school?

네가 시킨
그 음식은 어떠니? 📢

잘 놀고 있어?
너의 여행은 어떠니? 📢

읽을 만해?
그 책은 어떠니? 📢

지금 1위인
그 영화는 어떠니? 📢

요즘
너의 일은 어떠니? 📢

오늘
날씨는 어떠니? 📢

영어 문장을 **따라하며** 에코잉 해 보세요.

MP3를 들으며 메아리처럼 에코잉 해 보세요.

How was ~? (무엇)은 어땠니?

😊 다녀왔어? '학교는 어땠니?'
How was school? 학교는 어땠니?

😊 먹어 봤어? '그 음식은 어땠니?'
How was the food? 그 음식은 어땠니?

😊 까맣게 탄 것 봐! '너의 여행은 어땠니?'
How was your trip? 너의 여행은 어땠니?

😊 내가 추천해 준 '그 책은 어땠니?'
How was the book? 그 책은 어땠니?

😊 어제 본다던 '그 영화는 어땠니?'
How was the movie? 그 영화는 어땠니?

😊 이전 직장에서 '너의 일은 어땠니?'
How was your work? 너의 일은 어땠니?

😊 거기 있었을 때 '날씨는 어땠니?'
How was the weather? 날씨는 어땠니?

school [스쿨] 학교 **food** [푸드] 음식 **work** [월크] 일 **weather** [웨더] 날씨

우리말만 보고 영어로 **자동발사** 해 보세요.

MP3를 들으며 자동발사가 되는지 확인해 보세요.

(무엇)은 어땠니? **How was ~?**

다녀왔어?
학교는 어땠니? → How was school?

먹어 봤어?
그 음식은 어땠니?

까맣게 탄 것 봐!
너의 여행은 어땠니?

내가 추천해 준
그 책은 어땠니?

어제 본다던
그 영화는 어땠니?

이전 직장에서
너의 일은 어땠니?

거기 있었을 때
날씨는 어땠니?

일상에서 쓰는 진짜 영어, 쉬운 영어!

6월 10일

 상훈
야야야 나 지금 야근 중인데 헬프미 헬프미

현수
왜? 무슨 일 있어?

 상훈
아니 우리 해외지사에 보낸 물건이 괜찮은지 지금 물어봐야 하는데 ㅜㅜ

'Is my item good? No problem?'
이렇게 말하는 건 아닌 거 같은데... 이렇게 써도 돼?

현수
야 뭘 그렇게 복잡하게 생각해~

그냥 어떤지 물어볼 때는
How is it? 그거 어떠니?

이거 딱 한마디면 끝!

 상훈
헐 대박 쉽네! 고마워! 내가 다음에 밥 쏠게!!

   보내기

DAY 23

너는 언제 알았니?
When did you know?   너는 언제 ~했니?

이렇게 말해요!

'알아'는 know, '너는 언제 알았니?'는 그 앞에 **When did you**를 붙이면 돼요.

- 너는 언제 알았니?   **When did you** know?

영어 문장을 **따라하며 에코잉** 해 보세요.

🎧 MP3를 들으며 메아리처럼 에코잉 해 보세요.

When did you ~? 너는 언제 ~했니?

😊 그 많은 걸 '너는 언제 끝냈니?'
When did you finish? 너는 언제 끝냈니?

😊 온 줄 몰랐어! '너는 언제 도착했니?'
When did you arrive? 너는 언제 도착했니?

😐 말도 안 하고 '너는 언제 떠났니?'
When did you leave? 너는 언제 떠났니?

😊 잃어버렸다면서 '너는 언제 그걸 찾았니?'
When did you find it? 너는 언제 그걸 찾았니?

☹️ 엄마가 섭섭해 하시던데, '너는 언제 그녀에게 전화했니?'
When did you call her? 너는 언제 그녀에게 전화했니?

😊 바빴다면서 '너는 언제 이걸 만들었니?'
When did you make this? 너는 언제 이걸 만들었니?

☹️ 상의도 없이 '너는 언제 그 계획을 바꿨니?'
When did you change the plan? 너는 언제 그 계획을 바꿨니?

finish [퓌니쉬] 끝내다　arrive [어라이브] 도착하다　change [췌인쥐] 바꾸다

우리말만 보고 영어로 **자동발사** 해 보세요.

🎧 MP3를 들으며 자동발사가 되는지 확인해 보세요.

너는 언제 ~했니?   When did you ~?

그 많은 걸
너는 언제 끝냈니?   📢 When did you finish?

온 줄 몰랐어!
너는 언제 도착했니?

말도 안 하고
너는 언제 떠났니?

잃어버렸다면서
너는 언제 그걸 찾았니?

엄마가 섭섭해 하시던데,
너는 언제 그녀에게 전화했니?

바빴다면서
너는 언제 이걸 만들었니?

상의도 없이
너는 언제 그 계획을 바꿨니?

영어 문장을 **따라하며** 에코잉 해 보세요.

MP3를 들으며 메아리처럼 에코잉 해 보세요.

When did he ~? 그는 언제 ~했니?

😐 일 끝내고 간 거야? '그는 언제 끝냈니?'
When did he finish? — 그는 언제 끝냈니?

🙂 공항에 '그는 언제 도착했니?'
When did he arrive? — 그는 언제 도착했니?

😞 걔 보러 온 건데, '그는 언제 떠났니?'
When did he leave? — 그는 언제 떠났니?

🙂 못 찾을 줄 알았는데, '그는 언제 그걸 찾았니?'
When did he find it? — 그는 언제 그걸 찾았니?

🙂 최근에 '그는 언제 그녀에게 전화했니?'
When did he call her? — 그는 언제 그녀에게 전화했니?

🙂 시간도 없었을 텐데, '그는 언제 이걸 만들었니?'
When did he make this? — 그는 언제 이걸 만들었니?

🙂 변경됐다고 들었는데, '그는 언제 그 계획을 바꿨니?'
When did he change the plan? — 그는 언제 그 계획을 바꿨니?

finish [퓌니쉬] 끝내다   arrive [어라이브] 도착하다   change [췌인쥐] 바꾸다

우리말만 보고 영어로 **자동발사** 해 보세요.

MP3를 들으며 자동발사가 되는지 확인해 보세요.

그는 언제 ~했니?   **When did he ~?**

일 끝내고 간 거야?
그는 언제 끝냈니?   When did he finish?

공항에
그는 언제 도착했니?

걔 보러 온 건데,
그는 언제 떠났니?

못 찾을 줄 알았는데,
그는 언제 그걸 찾았니?

최근에
그는 언제 그녀에게 전화했니?

시간도 없었을 텐데,
그는 언제 이걸 만들었니?

변경됐다고 들었는데,
그는 언제 그 계획을 바꿨니?

영어 문장을 **따라하며** 에코잉 해 보세요.

MP3를 들으며 메아리처럼 에코잉 해 보세요.

When did they ~? 　　　　　그들은 언제 ~했니?

☺ 큰 프로젝트 같던데, '그들은 언제 끝냈니?'
When did they finish? 　　　　　그들은 언제 끝냈니?

☺ 늦는다더니 '그들은 언제 도착했니?'
When did they arrive? 　　　　　그들은 언제 도착했니?

☹ 인사도 못 했는데, '그들은 언제 떠났니?'
When did they leave? 　　　　　그들은 언제 떠났니?

☺ 나도 계속 찾고 있었는데, '그들은 언제 그걸 찾았니?'
When did they find it? 　　　　　그들은 언제 그걸 찾았니?

☹ 통 연락이 안 되던데, '그들은 언제 그녀에게 전화했니?'
When did they call her? 　　　　　그들은 언제 그녀에게 전화했니?

☺ 나 감동했어. '그들은 언제 이걸 만들었니?'
When did they make this? 　　　　　그들은 언제 이걸 만들었니?

☹ 나는 못 들었는데, '그들은 언제 그 계획을 바꿨니?'
When did they change the plan? 　　　　　그들은 언제 그 계획을 바꿨니?

finish [퓌니쉬] 끝내다 　 arrive [어라이브] 도착하다 　 change [췌인쥐] 바꾸다

우리말만 보고 영어로 **자동발사** 해 보세요.

🎧 MP3를 들으며 자동발사가 되는지 확인해 보세요.

그들은 언제 ~했니?　　**When did they ~?**

큰 프로젝트 같던데,
그들은 언제 끝냈니?　　📢 When did they finish?

늦는다더니
그들은 언제 도착했니?　　📢

인사도 못 했는데,
그들은 언제 떠났니?　　📢

나도 계속 찾고 있었는데,
그들은 언제 그걸 찾았니?　　📢

통 연락이 안 되던데,
그들은 언제 그녀에게 전화했니?　　📢

나 감동했어.
그들은 언제 이걸 만들었니?　　📢

나는 못 들었는데,
그들은 언제 그 계획을 바꿨니?　　📢

일상에서 쓰는 진짜 영어, 쉬운 영어!

1월 20일

엄마
벌써 12신데 뭐하느라 여태 안 와?

 아들
엄마 나 방에 있는데?
아들한테 관심 좀 ㅠㅠ

엄마
온 줄 몰랐어!
When did you arrive? 너는 언제 도착했니?

 아들
나 오늘 계속 집에 있었어...

     보내기

DAY 24

너는 언제 너의 방을 청소할 거니?
When will you clean your room? 너는 언제 ~할 거니?

딸, 빨리 일어나!
어떻게 침대에서 떨어질 생각을 안 하니?
아이고... 방 꼴이 이게 뭐람?
너는 언제 너의 방을 청소할 거니?
When will you clean your room?

이렇게 말해요!

'너의 방을 청소해'는 clean your room, '너는 언제 너의 방을 청소할 거니?'는 그 앞에 **When will you**를 붙이면 돼요.

- **너는 언제** 너의 방을 청소할 거니?   **When will you** clean your room?

영어 문장을 **따라하며** 에코잉 해 보세요.

🎧 MP3를 들으며 메아리처럼 에코잉 해 보세요.

When will you ~? 너는 언제 ~할 거니?

😊 친구 만나러 '너는 언제 갈 거니?'
> 영어 문장이 실제로 쓰이는 상황을 같이 보면 더 기억하기 쉬워요!

When will you go?   너는 언제 갈 거니?

☹️ 불평 좀 그만해. '너는 언제 멈출 거니?'

When will you stop?   너는 언제 멈출 거니?

😊 나 데리러 '너는 언제 올 거니?'

When will you come?   너는 언제 올 거니?

😊 너부터 쓸래? '너는 언제 그걸 쓸 거니?'

When will you use it?   너는 언제 그걸 쓸 거니?

😊 계속 기다리고 있는데, '너는 언제 나에게 말할 거니?'

When will you tell me?   너는 언제 나에게 말할 거니?

☹️ 너무 불편한데, '너는 언제 그 문을 고칠 거니?'

When will you fix the door?   너는 언제 그 문을 고칠 거니?

😐 시간이 얼마 없는데, '너는 언제 그 일을 시작할 거니?'

When will you start the work?   너는 언제 그 일을 시작할 거니?

---

fix [픽쓰] 고치다   door [도어] 문   start [스타트] 시작하다

자동발사 톡!

우리말만 보고 **자동발사** 해 보세요.

🎧 MP3를 들으며 자동발사가 되는지 확인해 보세요.

너는 언제 ~할 거니? When will you ~?

친구 만나러
너는 언제 갈 거니? 📢 When will you go?

불평 좀 그만해.
너는 언제 멈출 거니? 📢

나 데리러
너는 언제 올 거니? 📢

너부터 쓸래?
너는 언제 그걸 쓸 거니? 📢

계속 기다리고 있는데,
너는 언제 나에게 말할 거니? 📢

너무 불편한데,
너는 언제 그 문을 고칠 거니? 📢

시간이 얼마 없는데,
너는 언제 그 일을 시작할 거니? 📢

영어 문장을 **따라하며** 에코잉 해 보세요.

MP3를 들으며 메아리처럼 에코잉 해 보세요.

When will she ~? 그녀는 언제 ~할 거니?

😊 많이 늦었는데, '그녀는 언제 갈 거니?'
When will she go? 그녀는 언제 갈 거니?

😟 맨날 똑같은 소리! '그녀는 언제 멈출 거니?'
When will she stop? 그녀는 언제 멈출 거니?

😐 입장 시간 다 됐는데, '그녀는 언제 올 거니?'
When will she come? 그녀는 언제 올 거니?

😊 모셔두기만 하고 '그녀는 언제 그걸 쓸 거니?'
When will she use it? 그녀는 언제 그걸 쓸 거니?

😊 알려 준다더니 '그녀는 언제 나에게 말할 거니?'
When will she tell me? 그녀는 언제 나에게 말할 거니?

😐 망가진 지 며칠째인데, '그녀는 언제 그 문을 고칠 거니?'
When will she fix the door? 그녀는 언제 그 문을 고칠 거니?

😟 할 게 산더미인데, '그녀는 언제 그 일을 시작할 거니?'
When will she start the work? 그녀는 언제 그 일을 시작할 거니?

fix [픽쓰] 고치다   door [도어] 문   start [스타트] 시작하다

우리말만 보고 영어로 **자동발사** 해 보세요.

🎧 MP3를 들으며 자동발사가 되는지 확인해 보세요.

그녀는 언제 ~할 거니? **When will she ~?**

많이 늦었는데,
그녀는 언제 갈 거니? 📣 When will she go?

맨날 똑같은 소리!
그녀는 언제 멈출 거니? 📣

입장 시간 다 됐는데,
그녀는 언제 올 거니? 📣

모셔두기만 하고
그녀는 언제 그걸 쓸 거니? 📣

알려 준다더니
그녀는 언제 나에게 말할 거니? 📣

망가진 지 며칠 짼데,
그녀는 언제 그 문을 고칠 거니? 📣

할 게 산더미인데,
그녀는 언제 그 일을 시작할 거니? 📣

영어 문장을 따라하며 에코잉 해 보세요.

MP3를 들으며 메아리처럼 에코잉 해 보세요.

When will 지훈 ~?
지훈이는 언제 ~할 거니?

😊 밥 먹으러 '지훈이는 언제 갈 거니?'
When will 지훈 go?   지훈이는 언제 갈 거니?

☹️ 지금 세 병째 아냐? '지훈이는 언제 멈출 거니?'
When will 지훈 stop?   지훈이는 언제 멈출 거니?

☹️ 벌써 10시야. '지훈이는 언제 올 거니?'
When will 지훈 come?   지훈이는 언제 올 거니?

😊 유효 기간이 다음 주까진데, '지훈이는 언제 그걸 쓸 거니?'
When will 지훈 use it?   지훈이는 언제 그걸 쓸 거니?

😊 여자친구 생겼다던데, '지훈이는 언제 나에게 말할 거니?'
When will 지훈 tell me?   지훈이는 언제 나에게 말할 거니?

☹️ 잘 닫히지도 않는데, '지훈이는 언제 그 문을 고칠 거니?'
When will 지훈 fix the door?   지훈이는 언제 그 문을 고칠 거니?

😊 내일이 마감인데, '지훈이는 언제 그 일을 시작할 거니?'
When will 지훈 start the work?   지훈이는 언제 그 일을 시작할 거니?

fix [픽쓰] 고치다   door [도어] 문   start [스타트] 시작하다

우리말만 보고 영어로 **자동발사** 해 보세요.

🎧 MP3를 들으며 자동발사가 되는지 확인해 보세요.

| 지훈이는 언제 ~할 거니? | **When will 지훈 ~?** |

밥 먹으러
지훈이는 언제 갈 거니? 📢 When will 지훈 go?

지금 세 병째 아냐?
지훈이는 언제 멈출 거니? 📢

벌써 10시야.
지훈이는 언제 올 거니? 📢

유효 기간이 다음 주까지인데,
지훈이는 언제 그걸 쓸 거니? 📢

여자친구 생겼다던데,
지훈이는 언제 나에게 말할 거니? 📢

잘 닫히지도 않는데,
지훈이는 언제 그 문을 고칠 거니? 📢

내일이 마감인데,
지훈이는 언제 그 일을 시작할 거니? 📢

일상에서 쓰는 진짜 영어, 쉬운 영어!

7월 7일

엄마
> 넌 왜 엄마한테 남자친구 얘기 안 해줘?

 딸
> 응?

엄마
> 엄마 친구 딸들은 다 얘기해주고 소개도 해준다더라!!

> 계속 기다리고 있는데
> **When will you tell me?**
> 너는 언제 나에게 말할 거니?

 딸
> 생기면 말해 줄게... ㅠㅠ

> 아직까지 한 번도 없었어... ㅠㅠ

 보내기

DAY 25

너는 무엇을 가져왔니?
What did you bring?   너는 무엇을 ~했니?

에헤이~! 뭘 또 이런 걸~
누가 보면 오해하겠어~
그래도 성의가 있으니
거절하진 않을게~
너는 무엇을 가져왔니?
What did you bring?

이렇게 말해요!

'가져와'는 bring, '너는 무엇을 가져왔니?'는 그 앞에 **What did you**를 붙이면 돼요.

· 너는 무엇을 가져왔니?   **What did you** bring?

영어 문장을 **따라하며** 에코잉 해 보세요.

 MP3를 들으며 메아리처럼 에코잉 해 보세요.

What did you ~?   너는 무엇을 ~했니?

😊 주말에 '너는 무엇을 했니?'
What did you do?   너는 무엇을 했니?

😊 웬 쇼핑백이야? '너는 무엇을 샀니?'
What did you buy?   너는 무엇을 샀니?

😊 제일 먼저 '너는 무엇을 봤니?'
What did you see?   너는 무엇을 봤니?

😊 생일 선물로 '너는 무엇을 원했니?'
What did you want?   너는 무엇을 원했니?

😊 점심 도시락으로 '너는 무엇을 가져왔니?'
What did you bring?   너는 무엇을 가져왔니?

😊 지금까지 '너는 무엇을 준비했니?'
What did you prepare?   너는 무엇을 준비했니?

😊 친구에게 '너는 무엇을 추천했니?'
What did you recommend?   너는 무엇을 추천했니?

---

bring [브링] 가져오다   prepare [프뤼페어] 준비하다   recommend [뤠커멘드] 추천하다

우리말만 보고 영어로 **자동발사** 해 보세요.

🎧 MP3를 들으며 자동발사가 되는지 확인해 보세요.

| 너는 무엇을 ~했니? | **What did you ~?** |

주말에
너는 무엇을 했니?   📢 What did you do?

웬 쇼핑백이야?
너는 무엇을 샀니?   📢

제일 먼저
너는 무엇을 봤니?   📢

생일 선물로
너는 무엇을 원했니?   📢

점심 도시락으로
너는 무엇을 가져왔니?   📢

지금까지
너는 무엇을 준비했니?   📢

친구에게
너는 무엇을 추천했니?   📢

따라하며 톡!

영어 문장을 따라하며 에코잉 해 보세요.

MP3를 들으며 메아리처럼 에코잉 해 보세요.

What did he ~? 그는 무엇을 ~했니?

☺ 칭찬이 자자하던데, '그는 무엇을 했니?'
What did he do?   그는 무엇을 했니?

☺ 용돈 모아서 '그는 무엇을 샀니?'
What did he buy?   그는 무엇을 샀니?

☺ 왜 저렇게 놀라? '그는 무엇을 봤니?'
What did he see?   그는 무엇을 봤니?

☺ 뭔가 부탁했었는데, '그는 무엇을 원했니?'
What did he want?   그는 무엇을 원했니?

☺ 해외 출장 선물로 '그는 무엇을 가져왔니?'
What did he bring?   그는 무엇을 가져왔니?

☺ 축가로 '그는 무엇을 준비했니?'
What did he prepare?   그는 무엇을 준비했니?

☺ 어떤 게 좋대? '그는 무엇을 추천했니?'
What did he recommend?   그는 무엇을 추천했니?

---

bring [브륑] 가져오다   **prepare** [프뤼페어] 준비하다   **recommend** [뤠커멘드] 추천하다

우리말만 보고 영어로 **자동발사** 해 보세요.

MP3를 들으며 자동발사가 되는지 확인해 보세요.

그는 무엇을 ~했니?   What did he ~?

칭찬이 자자하던데,
그는 무엇을 했니?   What did he do?

용돈 모아서
그는 무엇을 샀니?

왜 저렇게 놀라?
그는 무엇을 봤니?

뭔가 부탁했었는데,
그는 무엇을 원했니?

해외 출장 선물로
그는 무엇을 가져왔니?

축가로
그는 무엇을 준비했니?

어떤 게 좋대?
그는 무엇을 추천했니?

영어 문장을 따라하며 에코잉 해 보세요.

🎧 MP3를 들으며 메아리처럼 에코잉 해 보세요.

What did they ~?   그들은 무엇을 ~했니?

😊 어제 '그들은 무엇을 했니?'
What did they do?   그들은 무엇을 했니?

😊 백화점에서 '그들은 무엇을 샀니?'
What did they buy?   그들은 무엇을 샀니?

😊 여행 가서 '그들은 무엇을 봤니?'
What did they see?   그들은 무엇을 봤니?

😊 대가로 '그들은 무엇을 원했니?'
What did they want?   그들은 무엇을 원했니?

😊 간식으로 '그들은 무엇을 가져왔니?'
What did they bring?   그들은 무엇을 가져왔니?

😊 친구들이 파티 해줬다며? '그들은 무엇을 준비했니?'
What did they prepare?   그들은 무엇을 준비했니?

😊 회식 메뉴로 '그들은 무엇을 추천했니?'
What did they recommend?   그들은 무엇을 추천했니?

bring [브링] 가져오다   **prepare** [프뤼페어] 준비하다   **recommend** [뤠커멘드] 추천하다

우리말만 보고 영어로 **자동발사** 해 보세요.

🎧 MP3를 들으며 자동발사가 되는지 확인해 보세요.

그들은 무엇을 ~했니?   **What did they ~?**

어제
그들은 무엇을 했니?   📢 What did they do?

백화점에서
그들은 무엇을 샀니?   📢

여행 가서
그들은 무엇을 봤니?   📢

대가로
그들은 무엇을 원했니?   📢

간식으로
그들은 무엇을 가져왔니?   📢

친구들이 파티 해줬다며?
그들은 무엇을 준비했니?   📢

회식 메뉴로
그들은 무엇을 추천했니?   📢

일상에서 쓰는 진짜 영어, 쉬운 영어!

5월 17일

재훈
들었어? 경수 있잖아~

여동생 결혼식 때 축가 불러줄 거래

 형준
신랑을 마음에 안 들어 하더니 다행이네

축가로
What did he prepare? 그는 무엇을 준비했니?

재훈
그게...

김건모의 '잘못된 만남'을 부를 거래 ㅋㅋㅋㅋ

 형준

                       보내기

DAY 26

너는 무엇을 볼 수 있니?
What can you see?   너는 무엇을 ~할 수 있니?

뭐? 길을 잃어버렸다고?
걱정 마! 내가 이래 봬도
서울 3년 차야~
뚝 그치고, 주변에 대해 말해봐!
너는 무엇을 볼 수 있니?
What can you see?

이렇게 말해요!

'봐'는 see, '너는 무엇을 볼 수 있니?'는 그 앞에 **What can you**를 붙이면 돼요.

- 너는 무엇을 볼 수 있니?   **What can you** see?

영어 문장을 **따라하며 에코잉** 해 보세요.

🎧 MP3를 들으며 메아리처럼 에코잉 해 보세요.

What can you ~?   너는 무엇을 ~할 수 있니?

😊 영어로 '너는 무엇을 말할 수 있니?' 〔영어 문장이 실제로 쓰이는 상황을 같이 보면 더 기억하기 쉬워요!〕

What can you say?   너는 무엇을 말할 수 있니?

😟 그렇게 편식이 심해서 '너는 무엇을 먹을 수 있니?'

What can you eat?   너는 무엇을 먹을 수 있니?

😊 그걸 하면 '너는 무엇을 얻을 수 있니?'

What can you gain?   너는 무엇을 얻을 수 있니?

😊 이 재료들로 '너는 무엇을 만들 수 있니?'

What can you make?   너는 무엇을 만들 수 있니?

😊 그 수업에서 '너는 무엇을 배울 수 있니?'

What can you learn?   너는 무엇을 배울 수 있니?

😊 나에게 '너는 무엇을 약속할 수 있니?'

What can you promise?   너는 무엇을 약속할 수 있니?

😊 해결책으로 '너는 무엇을 제안할 수 있니?'

What can you suggest?   너는 무엇을 제안할 수 있니?

gain [게인] 얻다   **learn** [런] 배우다   **promise** [프라미스] 약속하다   **suggest** [써제스트] 제안하다

우리말만 보고 영어로 **자동발사** 해 보세요.

🎧 MP3를 들으며 자동발사가 되는지 확인해 보세요.

| 너는 무엇을 ~할 수 있니? | **What can you ~?** |

영어로
너는 무엇을 말할 수 있니?   📢 What can you say?

그렇게 편식이 심해서
너는 무엇을 먹을 수 있니?   📢

그걸 하면
너는 무엇을 얻을 수 있니?   📢

이 재료들로
너는 무엇을 만들 수 있니?   📢

그 수업에서
너는 무엇을 배울 수 있니?   📢

나에게
너는 무엇을 약속할 수 있니?   📢

해결책으로
너는 무엇을 제안할 수 있니?   📢

영어 문장을 **따라하며** 에코잉 해 보세요.

MP3를 들으며 메아리처럼 에코잉 해 보세요.

What can he ~?   그는 무엇을 ~할 수 있니?

☺ 자기 자신에 대해 '그는 무엇을 말할 수 있니?'
What can he say?   그는 무엇을 말할 수 있니?

☺ 채식주의자면 '그는 무엇을 먹을 수 있니?'
What can he eat?   그는 무엇을 먹을 수 있니?

☺ 대회에서 1등 하면 '그는 무엇을 얻을 수 있니?'
What can he gain?   그는 무엇을 얻을 수 있니?

☺ 색종이로 '그는 무엇을 만들 수 있니?'
What can he make?   그는 무엇을 만들 수 있니?

☺ 이번 실수를 통해 '그는 무엇을 배울 수 있니?'
What can he learn?   그는 무엇을 배울 수 있니?

☺ 정해진 게 아무것도 없는데, '그는 무엇을 약속할 수 있니?'
What can he promise?   그는 무엇을 약속할 수 있니?

☺ 계약 조건으로 '그는 무엇을 제안할 수 있니?'
What can he suggest?   그는 무엇을 제안할 수 있니?

gain [게인] 얻다   **learn** [런] 배우다   **promise** [프라미스] 약속하다   **suggest** [써제스트] 제안하다

우리말만 보고 영어로 **자동발사** 해 보세요.

MP3를 들으며 자동발사가 되는지 확인해 보세요.

그는 무엇을 ~할 수 있니?   What can he ~?

자기 자신에 대해
그는 무엇을 말할 수 있니?   What can he say?

채식주의자면
그는 무엇을 먹을 수 있니?

대회에서 1등 하면
그는 무엇을 얻을 수 있니?

색종이로
그는 무엇을 만들 수 있니?

이번 실수를 통해
그는 무엇을 배울 수 있니?

정해진 게 아무것도 없는데,
그는 무엇을 약속할 수 있니?

계약 조건으로
그는 무엇을 제안할 수 있니?

영어 문장을 **따라하며** 에코잉 해 보세요.

🎧 MP3를 들으며 메아리처럼 에코잉 해 보세요.

What can she ~? 그녀는 무엇을 ~할 수 있니?

😐 이런 상황에서 '그녀는 무엇을 말할 수 있니?'
What can she say? 그녀는 무엇을 말할 수 있니?

☺ 다이어트 중이면 '그녀는 무엇을 먹을 수 있니?'
What can she eat? 그녀는 무엇을 먹을 수 있니?

☺ 그 경험으로부터 '그녀는 무엇을 얻을 수 있니?'
What can she gain? 그녀는 무엇을 얻을 수 있니?

☺ 남은 명절 음식들로 '그녀는 무엇을 만들 수 있니?'
What can she make? 그녀는 무엇을 만들 수 있니?

☺ 교환 학생으로 가서 '그녀는 무엇을 배울 수 있니?'
What can she learn? 그녀는 무엇을 배울 수 있니?

☺ 내가 이거 해주면 '그녀는 무엇을 약속할 수 있니?'
What can she promise? 그녀는 무엇을 약속할 수 있니?

☺ 회사의 발전을 위해 '그녀는 무엇을 제안할 수 있니?'
What can she suggest? 그녀는 무엇을 제안할 수 있니?

gain [게인] 얻다 **learn** [런] 배우다 **promise** [프라미스] 약속하다 **suggest** [써제스트] 제안하다

우리말만 보고 영어로 **자동발사** 해 보세요.

🎧 MP3를 들으며 자동발사가 되는지 확인해 보세요.

그녀는 무엇을 ~할 수 있니?   What can she ~?

이런 상황에서
그녀는 무엇을 말할 수 있니? 📢 What can she say?

다이어트 중이면
그녀는 무엇을 먹을 수 있니? 📢

그 경험으로부터
그녀는 무엇을 얻을 수 있니? 📢

남은 명절 음식들로
그녀는 무엇을 만들 수 있니? 📢

교환 학생으로 가서
그녀는 무엇을 배울 수 있니? 📢

내가 이거 해주면
그녀는 무엇을 약속할 수 있니? 📢

회사의 발전을 위해
그녀는 무엇을 제안할 수 있니? 📢

일상에서 쓰는 진짜 영어, 쉬운 영어!

12월 31일

인선
다은아 내일 알바 대타 좀 뛰어 주라...

 다은
맨입으론 안 되지~

나에게
What can you promise?
너는 무엇을 약속할 수 있니?

인선
음... 그때 네가 멋있다고 했던 오빠 소개해줄게 ㅋㅋ

 다은

콜 ㅋㅋㅋㅋㅋ

보내기

DAY 27

너는 어디에서 배웠니?
Where did you learn?   너는 어디에서 ~했니?

와~ 나이스 샷!
완전 프로 선수 같은데?!
도대체 비결이 뭐야?
나는 아무리 배워도 안 늘던데...
너는 어디에서 배웠니?
Where did you learn?

이렇게 말해요!

'배워'는 learn, '너는 어디에서 배웠니?'는 그 앞에 **Where did you**를 붙이면 돼요.

· **너는 어디에서** 배웠니?   **Where did you** learn?

영어 문장을 **따라하며** 에코잉 해 보세요.

 MP3를 들으며 메아리처럼 에코잉 해 보세요.

Where did you ~? 너는 어디에서 ~했니?

☺ 이사 오기 전에 '너는 어디에서 살았니?'
> 영어 문장이 실제로 쓰이는 상황을 같이 보면 더 기억하기 쉬워요!

Where did you live?   너는 어디에서 살았니?

☺ 아르바이트 했을 때 '너는 어디에서 일했니?'

Where did you work?   너는 어디에서 일했니?

☺ 시험 기간에 '너는 어디에서 공부했니?'

Where did you study?   너는 어디에서 공부했니?

☺ 엄청 싸게 샀다! '너는 어디에서 그걸 샀니?'

Where did you buy it?   너는 어디에서 그걸 샀니?

☺ 정말이야? '너는 어디에서 그걸 들었니?'

Where did you hear it?   너는 어디에서 그걸 들었니?

☺ 내 거 맞아! '너는 어디에서 이걸 찾았니?'

Where did you find this?   너는 어디에서 이걸 찾았니?

☺ 크리스마스에 '너는 어디에서 저녁을 먹었니?'

Where did you eat dinner?   너는 어디에서 저녁을 먹었니?

live [리브] 살다   hear [히어] 듣다   find [파인드] 찾다

자동발사 톡!

우리말만 보고 영어로 **자동발사** 해 보세요.

🎧 MP3를 들으며 자동발사가 되는지 확인해 보세요.

| 너는 어디에서 ~했니? | **Where did you ~?** |

이사 오기 전에
너는 어디에서 살았니?   📣 Where did you live?

아르바이트 했을 때
너는 어디에서 일했니?

시험 기간에
너는 어디에서 공부했니?

엄청 싸게 샀다!
너는 어디에서 그걸 샀니?

정말이야?
너는 어디에서 그걸 들었니?

내 거 맞아!
너는 어디에서 이걸 찾았니?

크리스마스에
너는 어디에서 저녁을 먹었니?

영어 문장을 **따라하며** 에코잉 해 보세요.

MP3를 들으며 메아리처럼 에코잉 해 보세요.

Where did she ~? 　　　그녀는 어디에서 ~했니?

😊 중학생 때 '그녀는 어디에서 살았니?'
Where did she live? 　　　그녀는 어디에서 살았니?

😊 그전에 '그녀는 어디에서 일했니?'
Where did she work? 　　　그녀는 어디에서 일했니?

😊 고시 준비할 때 '그녀는 어디에서 공부했니?'
Where did she study? 　　　그녀는 어디에서 공부했니?

😊 나도 사고 싶은데, '그녀는 어디에서 그걸 샀니?'
Where did she buy it? 　　　그녀는 어디에서 그걸 샀니?

😐 아무도 모를 텐데… '그녀는 어디에서 그걸 들었니?'
Where did she hear it? 　　　그녀는 어디에서 그걸 들었니?

😊 잃어버린 줄 알았는데, '그녀는 어디에서 이걸 찾았니?'
Where did she find this? 　　　그녀는 어디에서 이걸 찾았니?

😊 밥 먹고 왔다고? '그녀는 어디에서 저녁을 먹었니?'
Where did she eat dinner? 　　　그녀는 어디에서 저녁을 먹었니?

live [리브] 살다　**hear** [히어] 듣다　**find** [파인드] 찾다

우리말만 보고 영어로 **자동발사** 해 보세요.

🎧 MP3를 들으며 자동발사가 되는지 확인해 보세요.

그녀는 어디에서 ~했니?   **Where did she ~?**

중학생 때
그녀는 어디에서 살았니?   📢 Where did she live?

그 전에
그녀는 어디에서 일했니?   📢

고시 준비할 때
그녀는 어디에서 공부했니?   📢

나도 사고 싶은데,
그녀는 어디에서 그걸 샀니?   📢

아무도 모를 텐데…
그녀는 어디에서 그걸 들었니?   📢

잃어버린 줄 알았는데,
그녀는 어디에서 이걸 찾았니?   📢

밥 먹고 왔다고?
그녀는 어디에서 저녁을 먹었니?   📢

영어 문장을 **따라하며** 에코잉 해 보세요.

🎧 MP3를 들으며 메아리처럼 에코잉 해 보세요.

Where did they ~? 그들은 어디에서 ~했니?

😊 부모님과 함께 '그들은 어디에서 살았니?'
Where did they live? 그들은 어디에서 살았니?

😊 이번 여름에 '그들은 어디에서 일했니?'
Where did they work? 그들은 어디에서 일했니?

😊 유학 갔다 왔다는데, '그들은 어디에서 공부했니?'
Where did they study? 그들은 어디에서 공부했니?

😊 다 품절인데, '그들은 어디에서 그걸 샀니?'
Where did they buy it? 그들은 어디에서 그걸 샀니?

😐 도대체 '그들은 어디에서 그걸 들었니?'
Where did they hear it? 그들은 어디에서 그걸 들었니?

😊 아무도 못 찾았는데, '그들은 어디에서 이걸 찾았니?'
Where did they find this? 그들은 어디에서 이걸 찾았니?

😊 결혼기념일에 '그들은 어디에서 저녁을 먹었니?'
Where did they eat dinner? 그들은 어디에서 저녁을 먹었니?

live [리브] 살다   hear [히어] 듣다   find [파인드] 찾다

우리말만 보고 영어로 **자동발사** 해 보세요.

🎧 MP3를 들으며 자동발사가 되는지 확인해 보세요.

그들은 어디에서 ~했니?　　　**Where did they ~?**

부모님과 함께
그들은 어디에서 살았니?　📢 Where did they live?

이번 여름에
그들은 어디에서 일했니?

유학 갔다 왔다는데,
그들은 어디에서 공부했니?

다 품절인데,
그들은 어디에서 그걸 샀니?

도대체
그들은 어디에서 그걸 들었니?

아무도 못 찾았는데,
그들은 어디에서 이걸 찾았니?

결혼기념일에
그들은 어디에서 저녁을 먹었니?

일상에서 쓰는 진짜 영어, 쉬운 영어!

1월 8일

은정 엄마
세정 엄마~ 어제 지갑 놓고 갔댔지?
아까 세정이한테 줬는데, 자기 거 맞아?

 **세정 엄마**
내 거 맞아!
Where did you find this?
너는 어디에서 이걸 찾았니?

은정 엄마
우리 집 냉장고에서 ㅋㅋㅋㅋㅋ

 **세정 엄마**
아이구! 내 정신 좀 봐...

왜 남의 집 냉장고에다가... ㅠㅠ

    보내기

DAY 28

너는 어디에서 그를 만날 거니?
Where will you meet him?   너는 어디에서 ~할 거니?

우리 딸 남자친구 만나러 가니?
어떤 녀석인지 얼굴 좀 볼까?
아빠가 데려다줄게!

너는 어디에서 그를 만날 거니?
Where will you meet him?

이렇게 말해요!

'그를 만나'는 meet him, '너는 어디에서 그를 만날 거니?'는 그 앞에 **Where will you**를 붙이면 돼요.

- 너는 어디에서 그를 만날 거니?   **Where will you** meet him?

영어 문장을 **따라하며** 에코잉 해 보세요.

MP3를 들으며 메아리처럼 에코잉 해 보세요.

Where will you ~? 너는 어디에서 ~할 거니?

😊 독립하면 '너는 어디에서 살 거니?'
영어 문장이 실제로 쓰이는 상황을 같이 보면 더 기억하기 쉬워요!

Where will you live? 너는 어디에서 살 거니?

😊 침대랑 소파 중 '너는 어디에서 잘 거니?'

Where will you sleep? 너는 어디에서 잘 거니?

😊 학원이 엄청 많은데, '너는 어디에서 배울 거니?'

Where will you learn? 너는 어디에서 배울 거니?

😊 근처로 갈 거야? '너는 어디에서 맥주를 마실 거니?'

Where will you drink beer? 너는 어디에서 맥주를 마실 거니?

😊 같이 나갈까? '너는 어디에서 버스를 탈 거니?'

Where will you take a bus? 너는 어디에서 버스를 탈 거니?

😊 남는 시간에 '너는 어디에서 시간을 보낼 거니?'

Where will you spend time? 너는 어디에서 시간을 보낼 거니?

😊 나 응원 가려고 하는데, '너는 어디에서 축구를 할 거니?'

Where will you play soccer? 너는 어디에서 축구를 할 거니?

take a bus [테이크 어 버스] 버스를 타다   **spend time** [스펜드 타임] 시간을 보내다

우리말만 보고 영어로 **자동발사** 해 보세요.

🎧 MP3를 들으며 자동발사가 되는지 확인해 보세요.

너는 어디에서 ~할 거니?   **Where will you ~?**

독립하면
너는 어디에서 살 거니?   📢 Where will you live?

침대랑 소파 중
너는 어디에서 잘 거니?   📢

학원이 엄청 많은데,
너는 어디에서 배울 거니?   📢

근처로 갈 거야?
너는 어디에서 맥주를 마실 거니?   📢

같이 나갈까?
너는 어디에서 버스를 탈 거니?   📢

남는 시간에
너는 어디에서 시간을 보낼 거니?   📢

나 응원 가려고 하는데,
너는 어디에서 축구를 할 거니?   📢

영어 문장을 **따라하며** 에코잉 해 보세요.

MP3를 들으며 메아리처럼 에코잉 해 보세요.

Where will he ~? 그는 어디에서 ~할 거니?

😊 은퇴한 후에 '그는 어디에서 살 거니?'
Where will he live? 그는 어디에서 살 거니?

😟 무작정 떠나면 '그는 어디에서 잘 거니?'
Where will he sleep? 그는 어디에서 잘 거니?

😟 학교도 학원도 싫다면, '그는 어디에서 배울 거니?'
Where will he learn? 그는 어디에서 배울 거니?

😊 친구들이랑 '그는 어디에서 맥주를 마실 거니?'
Where will he drink beer? 그는 어디에서 맥주를 마실 거니?

😊 이따가 집에 갈 때 '그는 어디에서 버스를 탈 거니?'
Where will he take a bus? 그는 어디에서 버스를 탈 거니?

😊 비행기 타기 전까지 '그는 어디에서 시간을 보낼 거니?'
Where will he spend time? 그는 어디에서 시간을 보낼 거니?

😊 내일 경기 있다면! '그는 어디에서 축구를 할 거니?'
Where will he play soccer? 그는 어디에서 축구를 할 거니?

take a bus [테이크 어 버스] 버스를 타다 **spend time** [스펜드 타임] 시간을 보내다

자동발사 톡!

우리말만 보고 영어로 **자동발사** 해 보세요.

🎧 MP3를 들으며 자동발사가 되는지 확인해 보세요.

그는 어디에서 ~할 거니?   **Where will he ~?**

은퇴한 후에
그는 어디에서 살 거니?   📢 Where will he live?

무작정 떠나면
그는 어디에서 잘 거니?

학교도 학원도 싫다면,
그는 어디에서 배울 거니?

친구들이랑
그는 어디에서 맥주를 마실 거니?

이따가 집에 갈 때
그는 어디에서 버스를 탈 거니?

비행기 타기 전까지
그는 어디에서 시간을 보낼 거니?

내일 경기 있다며!
그는 어디에서 축구를 할 거니?

영어 문장을 따라하며 에코잉 해 보세요.

MP3를 들으며 메아리처럼 에코잉 해 보세요.

Where will they ~? 그들은 어디에서 ~할 거니?

☺ 서울 올라가면 '그들은 어디에서 살 거니?'
Where will they live? 그들은 어디에서 살 거니?

☺ 여행 가서 '그들은 어디에서 잘 거니?'
Where will they sleep? 그들은 어디에서 잘 거니?

☺ 집에서 안 가르쳐주면 '그들은 어디에서 배울 거니?'
Where will they learn? 그들은 어디에서 배울 거니?

☺ 오랜만에 모이는데, '그들은 어디에서 맥주를 마실 거니?'
Where will they drink beer? 그들은 어디에서 맥주를 마실 거니?

☺ 여기에서 안 타면 '그들은 어디에서 버스를 탈 거니?'
Where will they take a bus? 그들은 어디에서 버스를 탈 거니?

☺ 기다리는 동안 '그들은 어디에서 시간을 보낼 거니?'
Where will they spend time? 그들은 어디에서 시간을 보낼 거니?

☺ 다음 주에 '그들은 어디에서 축구를 할 거니?'
Where will they play soccer? 그들은 어디에서 축구를 할 거니?

take a bus [테이크 어 버스] 버스를 타다   spend time [스펜드 타임] 시간을 보내다

우리말만 보고 영어로 **자동발사** 해 보세요.

🎧 MP3를 들으며 자동발사가 되는지 확인해 보세요.

| 그들은 어디에서 ~할 거니? | **Where will they ~?** |

서울 올라가면
그들은 어디에서 살 거니? 📣 Where will they live?

여행 가서
그들은 어디에서 잘 거니?

집에서 안 가르쳐주면
그들은 어디에서 배울 거니?

오랜만에 모이는데,
그들은 어디에서 맥주를 마실 거니?

여기에서 안 타면
그들은 어디에서 버스를 탈 거니?

기다리는 동안
그들은 어디에서 시간을 보낼 거니?

다음 주에
그들은 어디에서 축구를 할 거니?

일상에서 쓰는 진짜 영어, 쉬운 영어!

5월 13일

 철우
이따 맥주 한잔 할 건데, 너도 갈래?

영석
근처로 갈 거야?
Where will you drink beer?
너는 어디에서 맥주를 마실 거니?

 철우
요 앞에 좋은 데 있어 ㅋㅋㅋ

영석
그래~ 그럼 네가 사는 거지?

 철우
술은 내가 사고…
안주는 네가 쏘는 걸로!

보내기

DAY 29

너는 왜 걱정했니?
Why did you worry?   너는 왜 ~했니?

오늘 발표 정말 최고였어!
어제까지만 해도 완전 벌벌 떨더니
이렇게 잘할 거면서
너는 왜 걱정했니?
Why did you worry?

이렇게 말해요!

'걱정해'는 worry, '너는 왜 걱정했니?'는 그 앞에 **Why did you**를 붙이면 돼요.

· 너는 왜 걱정했니?   **Why did you** worry?

영어 문장을 따라하며 에코잉 해 보세요.

🎧 MP3를 들으며 메아리처럼 에코잉 해 보세요.

Why did you ~?   너는 왜 ~했니?

😊 애초에 '너는 왜 물어봤니?'   영어 문장이 실제로 쓰이는 상황을 같이 보면 더 기억하기 쉬워요!

Why did you ask?   너는 왜 물어봤니?

☹️ 실망이야. '너는 왜 거짓말했니?'

Why did you lie?   너는 왜 거짓말했니?

☹️ 더 있지 않고, '너는 왜 떠났니?'

Why did you leave?   너는 왜 떠났니?

😊 굳이 필요 없는데, '너는 왜 차를 샀니?'

Why did you buy a car?   너는 왜 차를 샀니?

😊 이렇게 후회할 거면서 '너는 왜 그걸 받아들였니?'

Why did you accept it?   너는 왜 그걸 받아들였니?

😊 이게 더 좋아 보이는데, '너는 왜 그걸 선택했니?'

Why did you choose it?   너는 왜 그걸 선택했니?

😊 에어컨 틀었는데, '너는 왜 그 창문을 열었니?'

Why did you open the window?   너는 왜 그 창문을 열었니?

---

lie [라이] 거짓말하다   leave [리브] 떠나다   accept [억쎕트] 받아들이다   choose [츄즈] 선택하다

우리말만 보고 영어로 **자동발사** 해 보세요.

🎧 MP3를 들으며 자동발사가 되는지 확인해 보세요.

너는 왜 ~했니? Why did you ~?

애초에
너는 왜 물어봤니?   📢 Why did you ask?

실망이야.
너는 왜 거짓말했니?

더 있지 않고,
너는 왜 떠났니?

굳이 필요 없는데,
너는 왜 차를 샀니?

이렇게 후회할 거면서
너는 왜 그걸 받아들였니?

이게 더 좋아 보이는데,
너는 왜 그걸 선택했니?

에어컨 틀었는데,
너는 왜 그 창문을 열었니?

영어 문장을 **따라하며** 에코잉 해 보세요.

MP3를 들으며 메아리처럼 에코잉 해 보세요.

Why did she ~? 그녀는 왜 ~했니?

😊 이미 알고 있을 텐데, '그녀는 왜 물어봤니?'
Why did she ask? 그녀는 왜 물어봤니?

😟 들킬 게 뻔한데, '그녀는 왜 거짓말했니?'
Why did she lie? 그녀는 왜 거짓말했니?

😢 내가 뭐 잘못한 거 있어? '그녀는 왜 떠났니?'
Why did she leave? 그녀는 왜 떠났니?

😊 운전도 잘 못하면서 '그녀는 왜 차를 샀니?'
Why did she buy a car? 그녀는 왜 차를 샀니?

😐 그렇게 싫다더니 '그녀는 왜 그걸 받아들였니?'
Why did she accept it? 그녀는 왜 그걸 받아들였니?

😊 의외네! '그녀는 왜 그걸 선택했니?'
Why did she choose it? 그녀는 왜 그걸 선택했니?

😐 덥지도 않은데, '그녀는 왜 그 창문을 열었니?'
Why did she open the window? 그녀는 왜 그 창문을 열었니?

---

lie [라이] 거짓말하다   leave [리브] 떠나다   accept [억쎕트] 받아들이다   choose [츄즈] 선택하다

우리말만 보고 영어로 **자동발사** 해 보세요.

🎧 MP3를 들으며 자동발사가 되는지 확인해 보세요.

그녀는 왜 ~했니?   Why did she ~?

이미 알고 있을 텐데,
그녀는 왜 물어봤니?   📣 Why did she ask?

들킬 게 뻔한데,
그녀는 왜 거짓말했니?

내가 뭐 잘못한 거 있어?
그녀는 왜 떠났니?

운전도 잘 못하면서
그녀는 왜 차를 샀니?

그렇게 싫다더니
그녀는 왜 그걸 받아들였니?

의외네!
그녀는 왜 그걸 선택했니?

덥지도 않은데,
그녀는 왜 그 창문을 열었니?

영어 문장을 **따라하며** 에코잉 해 보세요.

MP3를 들으며 메아리처럼 에코잉 해 보세요.

Why did they ~?   그들은 왜 ~했니?

☺ 눈치 다 챘으면서 '그들은 왜 물어봤니?'
Why did they ask?   그들은 왜 물어봤니?

☹ 구차하게 '그들은 왜 거짓말했니?'
Why did they lie?   그들은 왜 거짓말했니?

☹ 많이 정들었는데, '그들은 왜 떠났니?'
Why did they leave?   그들은 왜 떠났니?

☺ 돈 모은다더니, '그들은 왜 차를 샀니?'
Why did they buy a car?   그들은 왜 차를 샀니?

😐 좋은 제안도 아닌데, '그들은 왜 그걸 받아들였니?'
Why did they accept it?   그들은 왜 그걸 받아들였니?

☺ 다른 것도 많은데, 하필 '그들은 왜 그걸 선택했니?'
Why did they choose it?   그들은 왜 그걸 선택했니?

☹ 모기 들어오는데, '그들은 왜 그 창문을 열었니?'
Why did they open the window?   그들은 왜 그 창문을 열었니?

lie [라이] 거짓말하다   leave [리브] 떠나다   accept [억쎕트] 받아들이다   choose [츄즈] 선택하다

우리말만 보고 영어로 **자동발사** 해 보세요.

그들은 왜 ~했니? **Why did they ~?**

눈치 다 챘으면서
그들은 왜 물어봤니?   Why did they ask?

구차하게
그들은 왜 거짓말했니?

많이 정들었는데,
그들은 왜 떠났니?

돈 모은다더니,
그들은 왜 차를 샀니?

좋은 제안도 아닌데,
그들은 왜 그걸 받아들였니?

다른 것도 많은데, 하필
그들은 왜 그걸 선택했니?

모기 들어오는데,
그들은 왜 그 창문을 열었니?

일상에서 쓰는 진짜 영어, 쉬운 영어!

5월 27일

지연
> 언니, 야식 시킬 건데
> 족발이랑 찜닭 중에 뭐가 좋아?

 지수
> 둘 다 좋긴 한데ㅋㅋㅋ
> 오늘은 찜닭이 더 땡긴다

지연
> 그럴 줄 알고 이미 찜닭 시켰지롱 ㅋㅋㅋ

 지수
> 결국 맘대로 시킬 거면서 ㅋㅋㅋㅋ
> 애초에 **Why did you ask?** 너는 왜 물어봤니?

                                     보내기

DAY 30

나는 왜 돌아가야 하니?
Why should I return?

나는 왜 ~해야 하니?

이렇게 말해요!

'돌아가'는 return, '나는 왜 돌아가야 하니?'는 그 앞에 **Why should I**를 붙이면 돼요.

- 나는 왜 돌아가야 하니?   **Why should I** return?

영어 문장을 **따라하며** 에코잉 해 보세요.

🎧 MP3를 들으며 메아리처럼 에코잉 해 보세요.

Why should I ~?   나는 왜 ~해야 하니?

😊 궁금해서 묻는 건데, '나는 왜 가야 하니?' 〉 영어 문장이 실제로 쓰이는 상황을 같이 보면 더 기억하기 쉬워요!

Why should I go?   나는 왜 가야 하니?

😟 예약까지 했는데, '나는 왜 기다려야 하니?'

Why should I wait?   나는 왜 기다려야 하니?

😊 일어나지도 않은 일을 '나는 왜 걱정해야 하니?'

Why should I worry?   나는 왜 걱정해야 하니?

😟 아무도 신경 안 쓰는데, '나는 왜 이것을 해야 하니?'

Why should I do this?   나는 왜 이것을 해야 하니?

😊 한두 번 속은 것도 아닌데, '나는 왜 그녀를 믿어야 하니?'

Why should I believe her?   나는 왜 그녀를 믿어야 하니?

😑 으, 공부하기 싫다! '나는 왜 그 시험을 봐야 하니?'

Why should I take the test?   나는 왜 그 시험을 봐야 하니?

😟 다들 쉬고 있는데, '나는 왜 그 화장실을 청소해야 하니?'

Why should I clean the bathroom?   나는 왜 그 화장실을 청소해야 하니?

believe [빌리브] 믿다   take the test [테이크 더 테스트] 그 시험을 보다   bathroom [배쓰룸] 화장실

우리말만 보고 영어로 **자동발사** 해 보세요.

🎧 MP3를 들으며 자동발사가 되는지 확인해 보세요.

| 나는 왜 ~해야 하니? | **Why should I ~?** |

궁금해서 묻는 건데,
나는 왜 가야 하니? 📢 Why should I go?

예약까지 했는데,
나는 왜 기다려야 하니? 📢

일어나지도 않은 일을
나는 왜 걱정해야 하니? 📢

아무도 신경 안 쓰는데,
나는 왜 이것을 해야 하니? 📢

한두 번 속은 것도 아닌데,
나는 왜 그녀를 믿어야 하니? 📢

으, 공부하기 싫다!
나는 왜 그 시험을 봐야 하니? 📢

다들 쉬고 있는데,
나는 왜 그 화장실을 청소해야 하니? 📢

영어 문장을 따라하며 에코잉 해 보세요.

MP3를 들으며 메아리처럼 에코잉 해 보세요.

Why should he ~? 그는 왜 ~해야 하니?

😟 벌써 가? '그는 왜 가야 하니?'
Why should he go? 그는 왜 가야 하니?

😟 일찍 왔는데도 '그는 왜 기다려야 하니?'
Why should he wait? 그는 왜 기다려야 하니?

🙂 남의 일까지 '그는 왜 걱정해야 하니?'
Why should he worry? 그는 왜 걱정해야 하니?

😟 급한 일도 아닌데, '그는 왜 이것을 해야 하니?'
Why should he do this? 그는 왜 이것을 해야 하니?

😐 잘 알지도 못하는데, '그는 왜 그녀를 믿어야 하니?'
Why should he believe her? 그는 왜 그녀를 믿어야 하니?

🙂 취업하는 데 필요한가? '그는 왜 그 시험을 봐야 하니?'
Why should he take the test? 그는 왜 그 시험을 봐야 하니?

🙂 깨끗한데, '그는 왜 그 화장실을 청소해야 하니?'
Why should he clean the bathroom? 그는 왜 그 화장실을 청소해야 하니?

believe [빌리브] 믿다   take the test [테이크 더 테스트] 그 시험을 보다   bathroom [배쓰룸] 화장실

자동발사 톡!

우리말만 보고 영어로 **자동발사** 해 보세요.

🎧 MP3를 들으며 자동발사가 되는지 확인해 보세요.

| 그는 왜 ~해야 하니? | **Why should he ~?** |

벌써 가?
그는 왜 가야 하니? 📢 Why should he go?

일찍 왔는데도
그는 왜 기다려야 하니? 📢

남의 일까지
그는 왜 걱정해야 하니? 📢

급한 일도 아닌데,
그는 왜 이것을 해야 하니? 📢

잘 알지도 못하는데,
그는 왜 그녀를 믿어야 하니? 📢

취업하는 데 필요한가?
그는 왜 그 시험을 봐야 하니? 📢

깨끗한데,
그는 왜 그 화장실을 청소해야 하니? 📢

영어 문장을 따라하며 에코잉 해 보세요.

🎧 MP3를 들으며 메아리처럼 에코잉 해 보세요.

Why should we ~?   우리는 왜 ~해야 하니?

😐 아직 안 끝났는데, '우리는 왜 가야 하니?'
Why should we go?   우리는 왜 가야 하니?

😞 올 때마다 '우리는 왜 기다려야 하니?'
Why should we wait?   우리는 왜 기다려야 하니?

🙂 다 잘될 건데, '우리는 왜 걱정해야 하니?'
Why should we worry?   우리는 왜 걱정해야 하니?

😞 이 늦은 시간에 '우리는 왜 이것을 해야 하니?'
Why should we do this?   우리는 왜 이것을 해야 하니?

😞 이유를 말해 봐. '우리는 왜 그녀를 믿어야 하니?'
Why should we believe her?   우리는 왜 그녀를 믿어야 하니?

😐 성적에도 안 들어가는데, '우리는 왜 그 시험을 봐야 하니?'
Why should we take the test?   우리는 왜 그 시험을 봐야 하니?

🙂 아무도 안 쓰는데, '우리는 왜 그 화장실을 청소해야 하니?'
Why should we clean the bathroom?   우리는 왜 그 화장실을 청소해야 하니?

---

believe [빌리브] 믿다   take the test [테이크 더 테스트] 그 시험을 보다   bathroom [배쓰룸] 화장실

자동발사 톡!

우리말만 보고 영어로 **자동발사** 해 보세요.

🎧 MP3를 들으며 자동발사가 되는지 확인해 보세요.

우리는 왜 ~해야 하니?   **Why should we ~?**

아직 안 끝났는데,
우리는 왜 가야 하니?   📢 Why should we go?

올 때마다
우리는 왜 기다려야 하니?

다 잘될 건데,
우리는 왜 걱정해야 하니?

이 늦은 시간에
우리는 왜 이것을 해야 하니?

이유를 말해 봐.
우리는 왜 그녀를 믿어야 하니?

성적에도 안 들어가는데,
우리는 왜 그 시험을 봐야 하니?

아무도 안 쓰는데,
우리는 왜 그 화장실을 청소해야 하니?

일상에서 쓰는 진짜 영어, 쉬운 영어!

10월 26일

 인선
니 남친이 나쁜 뜻은 없었을 거야...
그냥 이번 한 번만 니가 봐줘~

다은
Why should I give him a break?

 인선
응? break? 쉬는 시간을 주겠다고?

다은
아니 그런 뜻이 아니라 내가 도대체 왜!
걔를 봐줘야 하는데?
Why should I give him a break?
나는 왜 그를 봐줘야 하니?

 인선
아 그게 그런 뜻이야?
난 forgive 이런 건 줄 알았는데

암튼! 이번에는 그냥 니가 참고 넘어가!

보내기